U0655147

交通巡礼

历代交通与水陆运输

肖东发 主编 唐 容 编著

中国出版集团

现代出版社

图书在版编目（CIP）数据

交通巡礼 / 唐容编著. — 北京：现代出版社，
2014.11（2019.1重印）

（中华精神家园书系）

ISBN 978-7-5143-3084-7

Ⅰ. ①交… Ⅱ. ①唐… Ⅲ. ①交通运输史－中国－古代 Ⅳ. ①F512.9

中国版本图书馆CIP数据核字（2014）第244591号

交通巡礼：历代交通与水陆运输

主　　编：	肖东发	
作　　者：	唐　容	
责任编辑：	王敬一	
出版发行：	现代出版社	
通信地址：	北京市定安门外安华里504号	
邮政编码：	100011	
电　　话：	010-64267325　64245264（传真）	
网　　址：	www.1980xd.com	
电子邮箱：	xiandai@cnpitc.com.cn	
印　　刷：	固安县云鼎印刷有限公司	
开　　本：	710mm×1000mm　1/16	
印　　张：	9	
版　　次：	2015年4月第1版　　2021年3月第4次印刷	
书　　号：	ISBN 978-7-5143-3084-7	
定　　价：	29.80元	

党的十八大报告指出："文化是民族的血脉，是人民的精神家园。全面建成小康社会，实现中华民族伟大复兴，必须推动社会主义文化大发展大繁荣，兴起社会主义文化建设新高潮，提高国家文化软实力，发挥文化引领风尚、教育人民、服务社会、推动发展的作用。"

我国经过改革开放的历程，推进了民族振兴、国家富强、人民幸福的中国梦，推进了伟大复兴的历史进程。文化是立国之根，实现中国梦也是我国文化实现伟大复兴的过程，并最终体现为文化的发展繁荣。习近平指出，博大精深的中国优秀传统文化是我们在世界文化激荡中站稳脚跟的根基。中华文化源远流长，积淀着中华民族最深层的精神追求，代表着中华民族独特的精神标识，为中华民族生生不息、发展壮大提供了丰厚滋养。我们要认识中华文化的独特创造、价值理念、鲜明特色，增强文化自信和价值自信。

如今，我们正处在改革开放攻坚和经济发展的转型时期，面对世界各国形形色色的文化现象，面对各种眼花缭乱的现代传媒，我们要坚持文化自信，古为今用、洋为中用、推陈出新，有鉴别地加以对待，有扬弃地予以继承，传承和升华中华优秀传统文化，发展中国特色社会主义文化，增强国家文化软实力。

浩浩历史长河，熊熊文明薪火，中华文化源远流长，滚滚黄河、滔滔长江，是最直接的源头，这两大文化浪涛经过千百年冲刷洗礼和不断交流、融合以及沉淀，最终形成了求同存异、兼收并蓄的辉煌灿烂的中华文明，也是世界上唯一绵延不绝而从没中断的古老文化，并始终充满了生机与活力。

中华文化曾是东方文化摇篮，也是推动世界文明不断前行的动力之一。早在500年前，中华文化的四大发明催生了欧洲文艺复兴运动和地理大发现。中国四大发明先后传到西方，对于促进西方工业社会的形成和发展，曾起到了重要作用。

　　中华文化的力量，已经深深熔铸到我们的生命力、创造力和凝聚力中，是我们民族的基因。中华民族的精神，也已深深植根于绵延数千年的优秀文化传统之中，是我们的精神家园。

　　总之，中华文化博大精深，是中国各族人民五千年来创造、传承下来的物质文明和精神文明的总和，其内容包罗万象，浩若星汉，具有很强的文化纵深，蕴含丰富宝藏。我们要实现中华文化伟大复兴，首先要站在传统文化前沿，薪火相传，一脉相承，弘扬和发展五千年来优秀的、光明的、先进的、科学的、文明的和自豪的文化现象，融合古今中外一切文化精华，构建具有中国特色的现代民族文化，向世界和未来展示中华民族的文化力量、文化价值、文化形态与文化风采。

　　为此，在有关专家指导下，我们收集整理了大量古今资料和最新研究成果，特别编撰了本套大型书系。主要包括独具特色的语言文字、浩如烟海的文化典籍、名扬世界的科技工艺、异彩纷呈的文学艺术、充满智慧的中国哲学、完备而深刻的伦理道德、古风古韵的建筑遗存、深具内涵的自然名胜、悠久传承的历史文明，还有各具特色又相互交融的地域文化和民族文化等，充分显示了中华民族的厚重文化底蕴和强大民族凝聚力，具有极强的系统性、广博性和规模性。

　　本套书系的特点是全景展现，纵横捭阖，内容采取讲故事的方式进行叙述，语言通俗，明白晓畅，图文并茂，形象直观，古风古韵，格调高雅，具有很强的可读性、欣赏性、知识性和延伸性，能够让广大读者全面接触和感受中国文化的丰富内涵，增强中华儿女民族自尊心和文化自豪感，并能很好继承和弘扬中国文化，创造未来中国特色的先进民族文化。

2014年4月18日

通衢大道——官道与栈道

代步工具——车马与轿子

信使之所——邮传与驿站

王朝命脉——漕粮与漕运

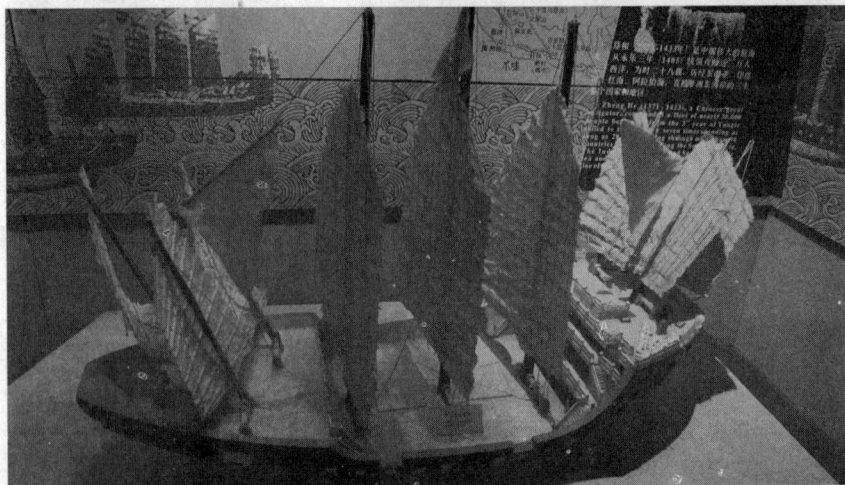

官道与栈道

自从人类诞生后，就开始了道路的历史。我们的祖先在极端恶劣的自然环境和十分低下的生产力条件下，为了生存和繁衍，在中华大地上开辟了最早的道路。

从夏商周三代开始，经过历朝历代的建设，我国古代的道路发展取得了重大的成就，其中以官道和栈道最为辉煌。

我国古代官道和栈道的发展，促进了我国的民族大融合，对形成统一的中华民族具有举足轻重的作用。同时，道路的发展，增进了我国同周边各国的经济与文化交流。

先秦官道与栈道

先秦时期是我国古代历史的奴隶制国家时期，在原始社会的基础上，继续有所建树，交通逐渐趋于发达。在历经春秋、战国的时代，官道与栈道也相应臻于稠密，交通道路的布局，显得日新月异，极大地促进了经济发展。

先秦时期所形成的交通线已经具有与后来交通线一样的基本功能。功能完备的官道与栈道，可以说是后来交通发展的最原始基础，后世在它的基础上逐渐发展，最终形成了人间畅通的大道。

■ 岩壁上的古代栈道

夏代是我国历史上第一个奴隶制国家，其统辖地域主要在黄河中游一带，周围林立着大大小小的城邦。

夏代城市遗址的考古发掘与研究，不仅表明了当时社会的发展和进步，也表明了城市交通从此成为人们非常关注的话题。

至商代时，朝廷也非常重视道路交通，定时派人修筑护养道路。

■丛林间的古道

就这样，经过夏商两代长期的开拓，至西周时期，可以说我国古代的道路已经粗具规模。

在周武王姬发灭商后，除都城镐京外，还根据周公的建议，修建了东都洛邑，以便于控制东方新得到的大片疆土。

为了有效发挥镐京和洛邑两地的政治、经济、文化中心的作用，周武王在两地之间修建了一条宽阔平坦的大道，号称"周道"。并以洛邑为中心，向东、向北、向南、向东南又修建成等级不同的、呈辐射状的道路。

周道不仅是国家交通的中轴线和西周王室的生命线，而且在我国古代交通的发展史上具有重大意义。

西周至唐代的各个朝代的政治经济文化重心，都是在这条轴线上，而且在以后的宋、元、明、清时期，这条交通线也仍然是横贯东西的大动脉。周道在

周武王姬发（前1087—前1042），周文王姬昌次子。西周青铜器铭文常称其为"斌王"，史称"周武王"。他继承父亲的遗志，灭掉商朝，夺取全国政权，建立西周王朝，表现出卓越的军事和政治才能，成为我国历史上的一代明君。

■ 悬崖上的古代栈道遗迹

战国七雄 是我国古代战国时期七个较强的诸侯国的统称。由于春秋时期和战国时期无数次的战争，使诸侯国的数量大大减少。到战国后期，仅剩下7个实力较强的诸侯国，分别为齐、楚、韩、赵、魏、燕、秦，合称为"战国七雄"。

我国经济文化发展的历史上，起了奠基性的作用。

西周对道路的规划、标准、管理、养护、绿化，以及沿线的服务性设施方面，也有所创建。

西周把道路分为市区和郊区，前者称为"国中"，后者称为"鄙野"，分别由名为"匠人"和"遂人"的官吏管理，可以说是现代城市道路和公路划分的先河。

城市道路分为经、纬、环、野4种，南北之道谓之经，东西之道谓之纬。都城中各有经纬9条线路，构成棋盘形。道路围城为环，出城为野。

经、纬、环、野各规定有不同的宽度，其单位为轨，每轨宽8周尺，每周尺约合现在的20厘米。

郊外道路共分为路、道、涂、畛、径5个等级，并根据其各自的功能规定不同的宽度，类似于现代的技术标准。

"路"容乘车3轨，"道"容2轨，"涂"容1轨，"畛"走牛车，"径"为走马的田间小路。

在路政管理上，西周朝廷设有司空，掌管土木建筑及道路。而且规定"司空视涂"，即按期视察，及时维护。以上情况，足见西周的道路及管理，已臻相当完善的程度。

■ 高山峻岭中的古代栈道

东周时期，当时的社会生产力空前发展，农业、手工业与商业都兴盛起来。

随着春秋大国争霸，以及后来的"战国七雄"对峙，大规模的经济文化交流、军事外交活动和人员物资聚散，都极大地推进了道路的建设。

■ 古代栈道

当时，除了周道继续发挥其中轴线的重要作用外，在其两侧还进一步完善了纵横交错的陆路干线和支线。

这个时期修建的主要道路工程有许多，秦国修筑的著名的褒斜栈道就是其中重要的一项。

秦惠王时，为了克服秦岭的阻隔，打通陕西至四川的道路，开始修筑褒斜栈道。这条栈道起自秦岭北麓眉县西南15千米的斜水谷，到达秦岭南麓褒城县北5千米的褒水河谷，故称"褒斜道"。

■古栈道一角

这条全长200多千米的栈道，是在峭岩陡壁上凿孔架木，并在其上铺板而成的。除了褒斜道外，以后几百年间还陆续开凿了金牛道、子午道和傥骆道等栈道。

这些工程极其艰巨，人们首先是在岩石上架柴猛烧，然后泼冷水使之炸裂，这就是"火焚水激"的原始方法。然后在崖壁上凿成0.3米见方，0.5米深的孔洞，分上、中、下3排，均插入木桩。

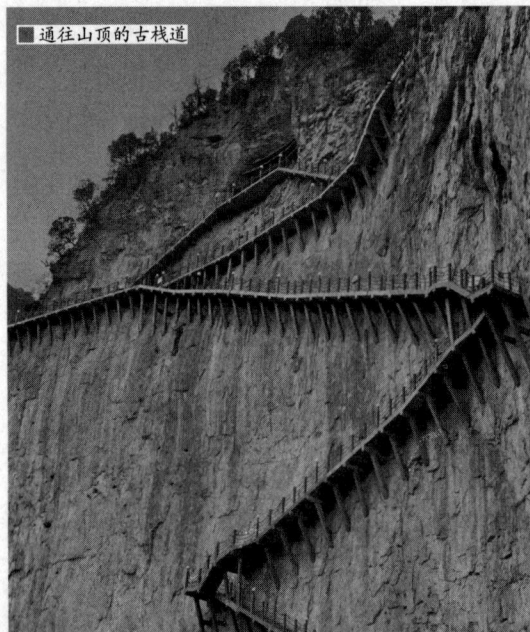
■通往山顶的古栈道

接着，在上排木桩上搭遮雨棚，中排木桩上铺板成路，下排木桩上支木为架。这样建成的栈道，远远望去，就像空中楼阁一般，煞是壮观。

西汉史学家司马迁在《史记》中记载："关中南则巴蜀，栈道千里，无所不通，唯褒斜道绾毂其口。"

"缩毂"就是控扼、扼制的意思。褒斜道地处交通要冲之地，战略上为蜀之咽喉，历来为兵家必争之地。

除了秦国修建的褒斜道外，其他诸侯国为了谋求发展，满足军事和经济的需要，也积极修建官道和栈道。

保存完好的古栈道

其中重要的道路工程，有楚国经营的从郢都通往新郑的重要通道、晋国打通的穿越太行山的东西孔道、齐鲁两国建设的四通八达的黄淮交通网络、燕国开辟的直达黄河下游和通往塞外的交通线等。

先秦道路建设和栈道的开辟，极大地方便了人们的出行。在这些交通线路上，穿大袖宽袍的中原人，善射箭骑马的戎狄人，居云梦江汉的荆楚人，披长发嬉水的吴越人，喜椎髻歌舞的巴蜀人，来来往往，相互沟通，为各民族的友好往来和最终走向统一打下了基础。

阅读链接

　　我国交通的形成和发展，远古之时已肇其端倪。新石器时期的人们就已经了解到交通的重要性，对于居住地址，也往往迁就便于交通的地理条件。在生产力相对低下的远古时期，人们多喜居住于河流附近，就是这样的道理。

　　更有甚者，乃是居住于两条河流交汇的地方。比如河南省南召县新石器时期的遗址，就在黄鸭河和白河交汇之处。就是到现在，两河交汇的地方仍然是交通便利的所在。其间的规律远在新石器时期已为人们所发现了。

秦代道路交通网

秦始皇统一全国后，为了加强交通运输，促进经济、文化的交流和发展，下令拆毁以往各国修筑的关塞、堡垒等障碍物，修建了以首都咸阳为中心的驰道。随后他又命令蒙恬率众修筑一条由咸阳向北延伸的直道，以巩固边疆，维护国家的统一。

此外，还在西南山区修筑了"五尺道"。秦代修筑的这些不同等级、各有特征的道路，构成了以咸阳为中心，通达全国的道路网，构成了比较发达的交通系统。

■秦朝阿房宫内的官道

■咸阳秦代修建的官道

　　秦统一天下后，为了巩固中华民族的统一，秦始皇采取了一系列措施，"车同轨"就是其中之一。车同轨就是全国车辆使用同一宽度的轨距。

　　这种标准化的要求和方法是很先进的，它适应了秦代全国土木工程和战争等方面长途运输的需要，对道路修建方面提出了更高的要求。

　　根据车同轨的要求，秦始皇派人对战国时期错综复杂的道路加以整修，拆毁关塞、堡垒等障碍物，连接和修建了以秦都咸阳为中心的驰道，形成了以驰道为骨干的四通八达的道路交通网。驰道是供帝王出巡时车马行驶的道路，即御道。这项费时10年的工程，规模十分浩大。

　　秦代著名的驰道，有今陕西省境内出高陵通上郡的上郡道、过黄河通山西的临晋道、出函谷关通河南、河北、山东的东方道、出今商洛通东南的武关道、出秦岭通四川的栈道、出今陇县通宁夏、甘肃的西方道、出今淳化通九原的直道等。

　　秦代驰道有统一的质量标准：路面幅宽70米；路基要高出两侧地面，以利排水，并要用铁锤把路面夯实；每隔10米种一株青松，以为

■ 子午岭的河谷道

匈奴 我国古籍中讲述的匈奴是在汉朝时称雄中原以北的一个强大的游牧民族，公元前215年被逐出黄河河套地区，历经东汉时走向了分裂，南匈奴进入中原内附，北匈奴从漠北西迁，中间经历了约300年。

行道树；除路中央10米为皇帝专用外，两边还开辟了人行旁道。可以说，这是中国历史上最早的正式的"国道"。

据古书记载，公元前212年至前210年，秦始皇下令修筑一条长约1400千米的直道，命蒙恬、扶苏率20万大军，一面驻守边关，一面修建直道。

直道经鄂尔多斯草原后进入子午岭，沿子午岭主脉由北向南，直至子午岭南端的甘泉山。甘泉山至子午岭一带，森林茂密，鄂尔多斯草原更是野草丛生、湖沼遍布、猛兽蛇虫出没、人迹罕至的地区。

蒙恬经过一年多时间考察，能够确定这样一条直至阴山山脉之下的近路，确是一件不可思议的事情。

子午岭地跨陕西、甘肃两省，处于黄土高原的腹地。是一座高大的山峰，山区面积广，支岭较多，地形复杂，地势险要，扼守着东西两侧的河谷大道，是兵家必争之地。子午岭的地理位置，决定了直道在防御匈奴族和北方少数民族入侵中很重要的军事地位。

子午岭两侧的河谷大道，即著名的延州道和马莲河道。河谷地带水草丰盛，游牧族来往于河谷大道，因此，它们成为古代北方游牧民族南下的主要通道。

延州道河谷比较狭窄，北方游牧部族南下时困难较多，因而往往从马莲河道南下。修筑延州道的目的，主要是防御北方匈奴的侵扰。

马莲河道沿途经过陕甘等省，穿过14个县，直至九原郡，仅仅用了两年半的时间就修筑完毕。建成后的直道宽度一般都在60米左右。其沿途各支线星罗棋布，每条支线都有容纳并排行驶两辆至4辆卡车的宽度。

马莲河道正式使用以后，秦始皇的骑兵从云阳林光宫出发，三天三夜即可驰抵阴山脚下，出击匈奴。

另外还有一条道路，在马莲河道之西，六盘山下的萧关道。这条道路比较平坦，附近的水草也比较丰

林光宫 位于陕西省淳化县铁王乡凉武帝村，秦代始建，因甘泉山而得名。既是安边固疆的军事重镇，也是避暑狩猎之胜地。此遗址的历史文化内涵，是中华文明史的重要组成部分，是秦汉帝国强大兴盛的缩影，更是研究秦汉文明史的宝贵佐证。

■ 古代的道路

■ 连接云南与四川的古商道

僰人 又称"山都掌""都掌蛮"。是先秦时期就在我国西南居住的一个古老民族。据研究，僰即越人，人们多称为"百濮""百越"。唐朝前以俚獠著称，宋代才开始以壮族为名，可见壮族是古代西南少数民族的主干，也是现广西壮族自治区的主流。

盛，更利于骑兵活动。

秦直道类似今天的高速公路。秦代以后，直道仍然发挥着重要的作用。西汉时期不仅积极利用秦时所修的直道防御匈奴南犯，而且对于直道的维护也曾下了一番功夫。

据《汉书·地理志》记载，当时西汉在北地郡新增了直路县和除道县，这两县分别设在子午岭段直道的南北两端，显然是为了加强对直道的控制。

除了驰道、直道而外，秦始皇还在西南山区修筑了"五尺道"。五尺道又称"滇僰古道"，是连接云南与内地的最古老的官道，为连接川滇汉人与古僰人修建的。

统一中国后，为了有效地控制在夜郎、滇等地设立的郡县，秦始皇派了一位名叫常頞的人率众筑路，这条路就是历史上有名的"五尺道"。

常頞开通的五尺道虽宽5尺，但由于沿途山势太险，凿通实在不易。当时尚未发明炸药，只能采用"火焚水激"的原始方法。

五尺道北起宜宾、南至曲靖，途经盐津、大关、昭通、鲁甸、宣威等县，唐樊绰《蛮书》称之为"石门道"。这条道路尽管狭窄，却和秦始皇在全国其他地区兴修的宽达50米的驰道具有同等重要的意义。是云南通向蜀地的重要商道。

其实，秦代除了修筑城外道路外，对于城市道路的建设也有突出之处，如在阿房宫的建筑中，采用高架道的形式筑成阁道，自殿下直抵南面的终南山，形成了"复道行空，不霁何虹"的壮观画面。

总而言之，秦代修筑的驰道和直道是我国古代筑路史上的杰出成就。以驰道为干线形成的道路交通网，也是世界上最早出现的具有全国规模的道路交通网之一。

这一伟大创举，不仅对巩固中华民族的统一和推动社会经济进步具有重要意义，而且对后世的陆路交通也有深远影响。

阅读链接

相传，秦始皇当年让太子扶苏镇守西北，建功立业，好使他将来顺理成章地继承帝位。秦始皇爱子心切，还特意叫将军蒙恬扶持他。

扶苏忠心耿耿，他在西北一待就是数年，除了参与军事决策外，还协助蒙恬修建了直道。秦始皇去世后，扶苏遭人陷害，被奸臣赵高假传圣旨赐毒酒自尽。扶苏仰天长叹，然后端起毒酒一饮而尽。

扶苏死后，当地老百姓就把他埋葬在了直道旁，并建庙纪念。但岁月沧桑，如今庙宇早已坍塌，只留下一堆黄土，供后人凭吊。

汉代陆路交通线

汉代的陆路交通路线，重点放在通往巴蜀、西北、北边、岭南及西南等地区。最为重要的是，汉代开辟了通向河西走廊及西域诸国之通道。汉武帝时期，为了打通通往西域的经济通道和防御匈奴的军事需要，先后在河西走廊设置了武威、张掖、酒泉、敦煌4郡，并建置了驿道，还有烽燧亭障等一系列军事设施。然后，又在此基础上继续向西，打通了通往西域的交通线，促进了经济文化的大发展，奠定了社会发展的基础。

■ 穿过绞河古城的丝绸之路驿道

汉代的陆路交通线，除继承和维修了秦的驰道、直道外，还新修一些交通线。

在中原地区，因地势险恶程度的不同设有关隘，以控制交通路线的咽喉。洛阳东面的成皋关口，南面的轘辕、伊阙之道；从长安向东南，有武关至南阳之道；还有临晋关、河东、上党与河内、赵国等通道要冲。可见，从长安和洛阳通往上述诸地，均有重要的陆路交通线。

■汉代时期的古道

此外，更有从中原通往南越及交趾等地的陆路交通线。早在秦时，通往南越有"越道"，又名"新道"。秦曾设横浦关、阳山关及湟溪关。

其中横浦关在仁化县北65千米；湟溪关在乐昌县西南1千米；揭阳在阳山县，阳山关当在此。

西汉初年，南越王赵佗断绝了"新道"，至汉武帝征服南越国后，这条"新道"得以畅通。东汉时，为了进一步开发这一地区，凿山通道250余千米，于是从桂阳通往南越故地的陆路交通便利了。

西汉时期对西域的开发并打通丝绸之路，是汉代陆路交通的重要成果，对后世有重大意义。

西汉初年，匈奴屡次侵犯中原，当时的汉代刚刚

南越 是秦将灭亡时，由南海郡尉赵佗建立，国都位于番禺，即今广东省广州市，疆域包括现在的广东、广西两省区的大部分，福建、湖南、贵州、云南的部分地区和越南的北部。南越国又称为南越或南粤，在越南又称为赵朝或前赵朝。

■ 张骞石雕像

交通巡礼

历代交通与水陆运输

乌孙 是汉代连接东西方草原交通的最重要民族之一。公元前2世纪初叶，乌孙与月氏均在今甘肃境内敦煌祁连间游牧，北邻匈奴。乌孙王难兜靡被月氏攻杀，他的儿子猎骄靡刚刚诞生，由匈奴冒顿单于收养成人，后来得以复兴故国。

建立，国力衰微，只好以和亲的方式来求得天下太平。汉武帝刘彻登上皇位后，汉代的经济和军事实力开始增强，于是汉代改变了对匈奴的政策，打算以武力方式解决与匈奴的纷争。

当时西域有一个大月氏国，因其先王被匈奴人杀死，与匈奴结怨。

于是汉武帝希望与之结盟，两面夹击匈奴。为了联合大月氏，汉武帝派使者张骞出使西域。

公元前139年，张骞带领100多人组成的队伍，从都城长安出发，打算穿过河西走廊，到达远迁康居的大月氏国。

不幸的是，一行人在中途被匈奴扣住，这一扣就是10余年。然而，张骞从未忘记过自己的使命，他忍辱负重，无时无刻不在想法逃离匈奴。

随着时间的推移，匈奴逐渐放松了对张骞的看管，于是在一天夜里，张骞趁其不备，与贴身随从甘父逃出了匈奴，经过长途跋涉，终于抵达大月氏。

令张骞始料不及的是，大月氏在新的领土上安居乐业，已经不愿意再与匈奴为敌。联盟失败的张骞启程东归，途中再次被匈奴俘虏，但他又在两年后成功脱逃。

虽然张骞此次去西域没有达至预期目的，但却带回了大宛、大夏、大月氏、乌孙、奄蔡等国的大量资料，加强了内地和新疆一带的联系，为丝绸之路的开通奠定了基础。

公元前119年，汉武帝再次派张骞到西域，联络乌孙，共同攻击匈奴。张骞率领300多人的队伍，畅通无阻地到了达乌孙，并派副使访问了大宛、大月氏、大夏等国，足迹遍及中亚、南亚许多地区，最远曾至大秦和北非。大秦就是现在的罗马。

汉通西域，起初是出于合击匈奴目的，但结果却

■丝绸之路遗址

让汉武帝和张骞始料未及。张骞去西域后，汉代的使者、商人接踵西行，西域的使者、商人也纷纷东来，从此开始了商贸往来。

循着张骞曾经走过的线路，我国的先进技术、丝绸、农作物栽培法等都传到了西域，而西域各国的奇珍异宝也输入了我国内地。

具体来说，丝绸之路最初东以长安为起点，沿渭水西行，过了黄土高原，通过河西走廊到达敦煌。

由敦煌西行则分成南北两路：南路出阳关，沿今塔里木盆地南沿、昆仑山北麓，经古楼兰、且末、民丰、于田、和田、墨玉、皮山、叶城、莎车，到达喀什。

北路出玉门关，沿塔里木盆地北沿、天山南麓，经过吐鲁番、库尔勒、拜城、阿克苏、巴楚到达喀什。

南北两路在喀什会合后，继续往西，登上帕米尔高原，这是最难走的一段路。然后经过阿富汗、伊朗和中亚诸国，再过地中海，最后到达丝绸之路的终点，这就是大秦的首都罗马城和威尼斯。

后来，又开辟了一条北新道，从敦煌经哈密，沿着天山以北的准

丝绸之路玉门关遗址

交通巡礼

历代交通与水陆运输

■ 丝绸之路经过的古城遗址

噶尔盆地前进，渡伊犁河西行至古罗马帝国。

丝绸之路不仅拓宽了汉代陆路交通线，更使这条线路成为国际商道，因而有着极为深远的意义。

丝绸之路经过中亚、西亚，可与东南欧及北非的交通线相衔接，构成了世界性的东西大商道。不仅在两汉时期，而且在唐代以后的历朝历代，它始终发挥着重要作用，成为古代东西方文明联系的主要纽带。

阅读链接

东汉明帝时，班超被任命为行军司马，于公元73年奉命去西域，并担任西域都护。

他帮助西域各国摆脱了匈奴的控制，使他在西域的威望越来越高。他在西域经营30年，加强了西域与内地的联系。后来东汉朝廷要把他调回时，许多人都不肯放他走，甚至抱住马腿跪着挽留他。

班超经营西域期间，首次将丝路从西亚一带延伸至欧洲，到了大秦，就是现在的罗马。166年，大秦也顺着丝路首次来到东汉京师洛阳，这是欧洲国家同中国的首次直接交往。

唐宋城市道路

　　我国古代的城市道路建设，在唐代以前已经取得了很大成就。至唐宋时期，道路建设的发展进入了极盛时期。

　　城市道路系统绝大多数采取以南北向为主的方格网布置，这是由建筑物的南向布置延伸出来的。

　　唐宋的城市街巷四通八达，城市封闭的格局被打破了，显示出唐宋王朝的城市风貌和几代帝王的开放胸怀，为带动经济大发展提供了非常便利的条件。

■唐代长安城西市模型

■ 唐朝古都长安城模型

唐代不仅发展了大规模、长距离的车马运输道路，而且也发展了城市道路。当时，京城长安不仅有水路运河与东部地区相通，而且是国内与国际的陆路交通的枢纽，已经成为世界上最大的都市之一。

唐长安城面积达84平方千米，其总体设计是中高外低，左右对称，东西两城完全相等；坊市街巷整齐有序，坊街尺度各分3等。

长安城主要由郭城、宫城、皇城等构成。

宫城位于郭城北部中央。皇城接宫城之南，设有中央衙署及附属机构。郭城内有南北向大街14条，东西向大街11条。垂直交错的大街将郭城划分为108个封闭式的里坊，坊内有民居、官衙、寺观等。

明德门至皇城正门朱雀门的朱雀大街位于全城中轴线上，道路宽达170米以上，被称为"天街"，至今仍是世界上最宽的街道。

郭城 也称外郭城，我国古代都城的重要构成部分，是都城内面积最大的部分，功能为居民商业区，同时也作为国都的外围，拱卫皇宫安全。长安的郭城共开12座城门，除正门明德门有5个门道外，其余各门均为3个门道。

■ 唐代长安城西市模型

坊里 坊里是城市居住区的基本单位。有正方形及矩形，大的面积达到80多公顷，小的也有近30公顷。有封闭的坊墙，有定时启闭的坊门。夜间实行宵禁，管制严格。除大官及贵族以外，一律在坊内开门。

位于长安城中轴线的朱雀大街把长安城划为东西两部分。街西管区叫长安县，街东管区叫万年县。

朱雀大街的路面用砖铺成，道路两侧有排水沟和行道树，布置井然，气度宏伟，不但为我国以后的城市道路建设树立了榜样，而且影响远及日本。

长安城各条大街车水马龙，熙熙攘攘，非常热闹。街道两侧多植树，加上错落其间的清池溪水、众多的园林、盛开的牡丹，使整个城市非常整齐美观。

出了长安城，向东，向南，向西，向北，构成了四通八达的陆路交通网。不仅通向全国各地，而且中外交通往来也比较频繁。

宋代是我国古代道路建设突飞猛进的时期，特别是在城市道路建设与交通管理方面，与唐代已经有了明显的区别。

宋代时期的城市建设，实现了街和市的有机结合。城内大道两旁，第一次成为百业汇聚之区。城里居民走出了以前那种以封闭分隔为特征的坊里高墙，投入空前活跃的城市生活；酒楼茶肆勾栏瓦舍日夜经营，艺人商贩填街塞巷。

北宋的都城是汴京，也称东京，就是现在的开封。汴京是北宋政治、经济、军事、科技、文化、商业和城市的中心，也是当时世界上最繁华、面积最大的都市。

汴京的建设规划思想独特，宏大的城垣分外城、内城、皇城，三重城郭，3条护城河。城内交通水陆兼容，畅通无阻。汴京中心街道称作御街，宽200米，路两边是御廊。

北宋朝廷改变了以前居民不得向大街开门，不得在指定的市坊以外从事买卖活动的旧规矩，允许市民在御廊开店设铺和沿街做买卖。为活跃经济文化生

城垣 我国古代围绕城市的城墙。其广义还包括城门、城楼、角楼、马面和瓮城。封建社会各地城市绝大多数都建有城垣。城门和城墙转角处的墙体常加厚，称为城台和角台，其上的建筑称城楼和角楼。

■ 古代汴梁城复原模型

■ 宋《清明上河图》之北宋都城城内街市局部

活，还放宽了宵禁，城门关得很晚，开得很早。

在皇帝出行的街道上，每隔两三百米设一个军巡铺，铺中设巡警，白天维持交通秩序，疏导人流车流；夜间警卫官府商宅，防盗，防火，防止意外事故。

宋室南迁，定都杭州，改称临安府，称为"行在"。而仍将北宋历代先帝陵寝所在的东京汴梁城称为"京师"。

临安原为地方政权吴越国的都城。南宋朝廷以临安为行都，倾全国之人力、物力、财力，精心营造临安城市建设。如疏浚河湖，增辟道路，改善交通等，使之成为全国的政治、经济、文化中心。

临安以御街为主干道，全长约4.5千米。除此之外，还有4条与御街走向相似的南北向道路。东西向干道也有4条，都是东西城门之间的通道。还有次一级的街道若干条，均通向中部御街。

临安御街是皇帝于"四孟"，即孟春、孟夏、孟秋、孟冬到景灵宫朝拜祖宗时的专用道路。景灵宫位于现在的武林路西侧，是供奉皇室祖先塑像的场所。

每隔3年，皇帝都要进行一次为期3天的祭天仪式。他沿着御街到景灵宫吃斋祭祖，住一晚后，再返回今鼓楼附近的太庙住一晚，再到

交通巡礼

历代交通与水陆运输

城外的郊坛祭天，再住一晚后返回皇宫。

临安的御街对百姓来说也很重要，因为它两旁集中了数万家商铺，临安城一半的百姓都住在附近。

城内河道有4条，其中盐桥河为主要运输河道，沿河两岸多闹市。城外有多条河流，与大运河相连。这些纵横相交的河和湖构成了一幅水运网，对临安经济发展起了重要作用。

唐宋时期的经济文化相较于以往各朝各代有着巨大的发展，应该与其四通八达的城市道路有着直接的联系。

阅读链接

南宋临安城御街两旁的商业非常发达。御街分为3段：从万松岭到鼓楼，是临安的政治中心，靠近皇宫、朝廷中枢机关，皇亲国戚、文武百官集中，消费与购买力最强，因此，这里的店铺大多经营金银珍宝等高档奢侈品。

从鼓楼至众安桥，以羊坝头，官巷口为中心，是当时的商业中心，经营日常生活用品，据《梦粱录》记载，这里名店、老店云集，有名可查的达120多家。从众安桥至武林路、凤起路口结束，形成了商贸与文化娱乐相结合的街段。

清代道路建设

在唐宋之后，又经历了元明时期的发展，我国的道路发展取得了更大的发展。

至清代时，朝廷对原有的道路进行了多次整顿，使道路的功能更加强大，在筑路及养路方面有新的提高，道路里程比以前更长，并且道路布局也比以往任何时候都合理而有效。

清王朝建立的大一统政体，具有超过历朝的规模。清代的交通系统，也在联络的幅面和通行的效率等方面，体现出超过前代的优势。

■北京城的古巷道

■ 古官道上的将士

清代把驿路分为3等：一是官马大路，由北京向各方辐射，主要通往各省城；二是大路，自省城通往地方重要城市；三是小路，自大路或各地重要城市通往各市镇的支线。

官马大路，是国家级官道，在京城东华门外设皇华驿，作为全国交通的总枢纽，管理北路、西路、南路、东路等官马大路干线系统。

官马北路系统最重要的是通往大东北的干线，即从北京经山海关、盛京分别延伸至雅克萨、庙屯的官路和通往朝鲜半岛的国际通道。属于官马北路系统的还有到呼伦、恰克图的干线以及塞上的横向大通道。

官马西路系统包括兰州官路与四川官路的两大干线，前者从北京经保定、太原、西安、兰州，分别至青海、西藏和新疆，并通往中亚、西亚诸国；后者则是通往大西南的干线，从西安通往云、贵、川，并向

皇华驿 清朝朝廷设于京师的驿站。隶属兵部会同馆。管理京师驿传事务。清代邮驿网路，以皇华驿为中心向全国辐射。皇华驿位于北京东华门，是全国驿路的总枢纽。皇华驿每日拨马以供车驾司、捷报处之差；照勘合火票填给夫马之数，应付驰驿官驿；按火票填注里数，应付笔贴式差官驰报。

西延伸至西藏拉萨。

官马西路系统当时覆盖了我国整个西部地区，在大清帝国创建和巩固的过程中，起着十分重要的作用。

官马南路系统，包括云南官路、桂林官路和广东官路3条干线。前两条干线均从太原南下过黄河到洛阳，然后分道到昆明或桂林，并延伸至印度支那半岛；第三条干线即广东官路的主干道，则是从北京出发经济南、徐州、合肥、赣州、韶关，直至广州。

广东官路是元、明以来北京到广州纵贯我国南北的主要官道，历来当作"使节路"，意思是常有中外使节通行的官道。

官马东路的唯一干线就是福建官路，沿途经过天津、济南、徐州、南京、苏州、上海、杭州、福州等重要城市。它是清朝朝廷经济上赖以生存的重要通路。此外，还有横贯东西的长江官路等。

交通巡礼

历代交通与水陆运输

■清代南方城市的官道

■京张铁路施工场景模型

清代道路建设的重大成果是修建铁路。尤其是京张铁路的建成，这是中国人利用自己的技术力量修成的，在我国铁路史上写下了光辉的一页，对于加强内地与边疆的联系有着重要意义。

清代第一条自建铁路是唐胥铁路，是由地方朝廷于1881年建成的从唐山至胥各庄的铁路。由于当时清代禁驶小火车，于是用骡马拉的大车不得不行驶在唐胥铁路的钢轨上。

直至中法战争爆发前夕，清朝朝廷的兵工厂、军舰、轮船急需用煤，朝廷才终于做出让步，同意从英国购买两台水柜蒸汽机车，唐胥铁路才成为真正意义上的营运铁路。

唐胥铁路的出现，打破了清朝朝廷不准修建铁路的坚冰。此后，在唐胥铁路通车8年后，清朝朝廷做出决断，开始在全国大办铁路。

京张铁路在清代铁路建设中具有重要意义。它是由当时的铁路工程师詹天佑设计监造的，1909年建成，是我国首条不使用外国资金及人员，由中国人自行勘测、设计、施工完成，投入营运的铁路。

线路起自丰台车站，由西直门经沙河、南口、进入居庸关，到达青龙

■ 京张铁路人字形铁轨

桥车站，再过八达岭隧道，然后沿军都山山麓到康庄，穿越今官厅水库淹没区至狼山，进入怀来丘陵地带，过土木、沙城，再从桑干河支流的洋河谷地行进至鸡鸣驿、宣化，最后抵达张家口。

八达岭近青龙桥段，为了穿越燕山山脉军都山的陡山大沟，在22千米线路区段内采用了"人"字形轨道，列车再用折返方法攀斜。另外还有400米长的居庸关隧道和200米长的钢架结构的怀来大桥。

此后，清代朝廷又兴修了津浦铁路，该铁路北起天津西站，穿越河北省、山东省、安徽省、江苏省，终于浦口站，全长1000多千米，为沿途各省的经济政治发展作出卓越贡献。

随着近代交通工具火车、轮船、汽车的相继兴起，铁路、公路、航线的不断开辟，我国古代道路交通系统终于完成了它的历史使命。

阅读链接

在京张铁路于丰台车站铺轨的第一天，有一节车钩链子折断了，影响了部分列车的正常运行。

詹天佑决心对车钩改造。经过刻苦钻研，反复设计、修改，终于改成了一种新式的自动挂钩，在修筑八达岭"人"字形铁路时，得到了采用，在行车安全上发挥了重要作用。

这种挂钩装有弹簧，富有弹力，只要两节车厢轻轻一碰，两个钩舌就紧紧咬住，犹如一体。而要分开车厢又很方便，人站在线路外面，只要抬起提钩杆，两节车厢就分开了。

车马与轿子

在我国古代，由于幅员辽阔，知识和技术有限，各地自然条件不同，因此不同朝代不同地区使用的交通工具也有很大的差别。

其中，夏代奚仲制造的马拉木车，商周的独辕车，秦汉的单马双辕车，两宋时期的太平车和平头车以及战车，还有清代豪华舒适的轿子，都在我国历史上发挥过重要作用。

无论是畜力还是人力的车子、轿子，作为传统交通工具，它们都是中华民族发展中的组成部分，占有不可或缺的重要地位。

夏代奚仲造马车

■古代马车

车辆为人类服务了几千年。我国夏朝初年的奚仲，在薛地造出了用马牵引的木制车辆，被后世称为造车的鼻祖、车神、车圣。

奚仲发明的马车，是我国古代科技史上的一个伟大创举，它不但解决了古代落后的交通问题，而且还促进了道路设施和社会经济的发展，扩大了商贸运输和文化交流活动，奠定了社会发展的基础。

■ 古代马车陶俑

奚仲是我国历史上夏王朝的异姓诸侯，据说是中华民族始祖黄帝的第十二代孙。他是鲁国人，故里在今山东省枣庄西。

奚仲的先人黄帝曾经造了一辆木头的车，可以装载东西。后来奚仲听说先人做的车放在部落首领那里，就和家人去部落首领那里看。

回来后，奚仲觉得先人的车做得不算好，没有多大的使用价值，于是，他有空就琢磨如何造车的事。

奚仲想好了初步的样式后，这一天，他叫上妻儿一起到山上去伐树。

把木料运回来之后，奚仲先粗略地仿照当年黄帝车的样子做了个模型。以后便天天看着这个车子，仔细琢磨，不断改造。经过很长时间的摸索，最后造成了一辆新车。

为了验证车子是否坚固，奚仲叫年轻力壮的人把

黄帝 传说华夏上古时代一位著名的部落联盟首领，号轩辕氏。传说黄帝在担任早期华夏族先民部落联盟首领期间播百谷草木，大力发展生产，始制衣冠，建舟车，发明指南车，定算数，制音律，创医学，并有了文字。黄帝又以统一中华民族的伟绩载入史册。

■ 古代独辕木车

双辕车 即是车前有两个直木，与单辕车相对。迄今世界上最早的双辕车模型，是在秦人墓葬中出土的。与单辕车相比，双辕车只需一个牲口驾辕，系驾大为简化，也更容易驾驭，双辕车是车辆制造史上的一次革命。

山下的乱石搬到车上来。一块块石头放到车上后，车子越来越沉，奚仲两只胳膊架住两边的车把，推动车子，木车就"嘎吱嘎吱"地向前走动，车子过后留下了两道深深的车辙。

奚仲又开始造马车。他找一些人帮忙，从山上伐了很多树木，在山下的一个开阔的地方造起了马车。

几个月下来，奚仲造出了一批马车，还给马做了缰绳，把缰绳牢固地系在车两边的长杆上。很多人都来观看奚仲造的马车，奚仲便让众人看自己如何驾驶马车，并教给那些人驾车的技术。

奚仲发明的马车是一种单辕式马车，它是后来秦汉时期双辕车的先驱。奚仲当时还没有青铜配件，构成单辕车的各种部件均应是木制品。

马车分别由轮、轴、舆等部件组成。这是一种单辕车，由车舆下方向前伸出一根较直辕木，拉车的马匹分别套在辕木左右两侧。通常由两匹马驾驶，多者可用4匹，但绝不能用单数。

这种设计结构较为合理，各个部件的制作均有一定的标准，因而坚固耐用，驾驶起来也十分灵便。

这种以木为主体结构的马车虽然比较简单，但已大大方便了交通运输，不仅是奴隶主贵族出行的重要交通工具，也被用于战争当中。

由于奚仲精通造车技术，在夏禹时被封为车正，统管部落所有的车马，主管战车、运输车的制造、保管和使用，并被封在薛地，就是现在的山东省枣庄地区西部。奚仲在薛地开创了薛国。

在夏、商、周代时，薛国十分兴盛。这里物阜民丰，奚仲所统辖的地区很快地强大起来，成为夏王朝最为繁荣昌盛与文明进步的地区之一，它不但是夏王朝的有力支柱与砥石，也是王室所需的运输与交通舟

车正 西周时期，手工业由官府统一管理，按行业设立车正、陶正等管理工官管理工匠。工匠集中在官府设立的作坊内，使用官府供给的原料，制作加工官府指定的产品。他们职业世袭，世代为官府劳作。

■ 古代独辕战车

车，以及粮食等物资的重要供给地。

薛国由于政治修明，经济繁荣发达，加上交通便利，因此成为华夏文化交流中心。

奚仲所开创的薛国，是齐鲁文化的重要组成部分，它与北辛文化、大汶口文化、龙山文化等一脉相承。

奚仲当年造车之处，据说就在枣庄市境内的奚公山下，奚仲死后安葬之处在奚公山顶。

奚公山南麓为古代车服祠旧址，是专门祭扫奚仲的场所。这里林木苍翠，祠宇壮观，并有溪泉长流。古时候，不少官员专程来奚山访谒车服祠，祭奠奚仲留下的文字。

奚仲发明的马车距今已有4000多年，当时世界许多古老民族还正在以牛马为交通工具时，奚仲创造的木车已驰驱在广袤的华夏大地上，因此可以当之无愧地列入世界之最。

马车的发明是古代科技史上的一件大事。以马力代替人力，大大解放了生产力，提高了交通效能，增强了人们的地域拓展能力，有利于各地区间的联系和信息交往，扩大了各地间的经济和文化交流，促进了社会的进步与发展。与此同时，马车的发明促进了道路的发展。

阅读链接

禹王得知奚仲造车的消息，前来查看，很惊讶车的坚固。奚仲说只要现在有马，就可以用马来拉。

禹王立刻叫人牵来两匹马，然后用绳子套上。奚仲手握缰绳，请禹王坐在车上，然后催动马匹，马车厚实的木轮便转动起来。禹王的脸上露出满意的笑容，并赞扬奚仲是部落最聪明的人。

不久，禹王封奚仲为车正，统管部落所有的车马。还让奚仲在那些出行的途中，建立第一个供车马休息的车服祠。

禹王临终前，把薛地封给了奚仲。奚仲在此建立了薛国。

始于商周的独辕车

商周时期，是我国古代独辕车发展的鼎盛时期。这种车构造坚固，是最好的陆上交通工具，还在驿站传递、田猎出行，尤其是远程征伐等方面发挥了非常重要的作用。

由独辕车改进的各类战车，从战国时期开始由盛转衰。由于当时的战争已由过去的中原战场扩大到北方山地和江南地区，适于平原作战的战车已难以施展其冲锋迅速、攻击力强的特长，因此战车的地位开始下降。

■ 古代的独辕马车模型

■ 山东古车博物馆
的殷商战车

王亥 商部落的第
七任首领。王亥
不仅帮助父亲冥
在治水中立了大
功，而且还发明
了牛车，开始驯
牛，促使农牧业
迅速发展，使商
部落得以强大。
王亥在商丘服牛
驯马发展生产，
用牛车拉着货
物，到外部落去
搞交易，开创了
华夏商业贸易的
先河。

据史书记载，商部落在相土时，畜牧业相当发达。相传相土用槽喂、圈养之法饲养马匹，将马驯服，再加训练，于是马能拉车驮物，成为重要运输工具，被称为"乘马"。

据记载，公元前2019年，相土用驯养的马作为运载工具，将商部落迁到商丘，（今河南省商丘市）。商部落族的第七任首领王亥，学会了用牛来驾车。他曾经赶着牛车，到其他部落的地界去贸易。

夏代末年，商汤在伊尹的辅佐下，实施灭夏战略，在作战中使用了更多的牲畜和战车、运输车。最后讨灭夏桀，建立了商王朝。

商王朝到了武丁时期，国力增强，军队驾驭大批独辕车向南方拓展，一直深入楚国纵深地区。商的末代君主纣王，也曾频繁出动大量独辕车，把疆土向江淮地区拓展。商代独辕车的使用已经十分普遍，车辆制造技术也有很大提高，能够造相当精美的两轮车了。由于两轮车是一个车辕，所以称为"独辕车"。独辕车其实就是那时的战车，通常可乘站立的两三人，车厢后面留有缺口或开门，以便于乘者上下。

商代的马拉双轮独辕车，由辕、衡、舆、轭、銮、轮、轴等部件构成。辕的前边有衡，衡的两侧各缚一个"人"字形轭，也就是驾车时套在牲口脖子的曲木，用以架马。

这种车的长度超过3米，辕长也在2.56米至2.92米。车轴长3米上下，两轮间的轨距2.1米至2.4米之间，大多有18根粗细均匀、排列有序的辐条。车轴与车辕交接处的上方是舆所在，平面长方形，四周有栏杆，可手扶。后边有缺口，供乘车人上下之用。

在商代，这种形制的马车是最好的陆上交通工具。由于马车坚固耐用、轻便快捷的性能在实用中得到检验，其功能得到社会的广泛认同，因而马车使用的范围已相当广泛。

商王及其大臣使用马车代步，各地诸侯争相仿效。为显示其尊荣富贵，马车装饰精致、华丽：或在车上髹漆，或配以铜饰；有的对马头及马身，用不同质料的物件进行装饰。这在当时已形成风气。

至东周时期，马拉双轮独辕车得到了改进。但从形制上看，东周的车与商车基本相同，只是在结构上有所改进，如直辕变曲轨，直衡改曲衡，辐数增多，舆上安装车盖。

车马配件上也更加完备，增加了许多商时车上没有的零部件，如

■东周天子驾六马车

■ 东周的驷马战车

诸侯 是古代中央政权所分封的各国国君的统称。周代分公、侯、伯、子、男五等，汉朝分王、侯二等。周制，诸侯名义上需服从王室的政令，向王室朝贡、述职、服役，以及出兵勤王等。汉时诸侯国由皇帝派相或长吏治理，王、侯仅食赋税。

铜銮、铜辖、铜钉等。为求坚固，还在许多关键部位都采用了铜构件，如变木辖为铜辖，轭上包铜饰，并有一套用铜、铅、金、银、贝和兽皮条等材料制成的饰件和鞴具，制作精美，名目繁多。

东周时驾车的马由商时的两匹增加至3匹、4匹，甚至6匹。车驾两马的叫"骈"，驾3匹的称"骖"，驾4匹的名"驷"，驾6匹马为"六騑"。其中驾辕的两马叫"服马"，两旁拉车的马叫"骖马"。

东周的车以驾4匹马最为常见，多以"驷"为单位计数马匹；又因先秦时经常车马连言，说到车即包括马，说到马也意味着有车。

东周中期，马车的形制已完善。制造一辆车，需要多工种的合作，经过大小几十道工序才能完成。制车业成为当时集大成的综合性手工业生产部门，制车水平也是当时生产水平和工艺水平的集中反映。

东周马车不仅是王公显贵出行游猎时代步和炫

耀身份的工具，还是战争中主要的"攻守之具"。为了争夺土地和人口，各诸侯之间经常发生征战。当时正值春秋时期，诸侯争霸，各国军队的主力是战车兵，军事编制以战车为主，攻防的主要手段也是战车。所以，拥有战车数量的多寡，成为衡量一个国家强弱的标志，当时有所谓"千乘之国""万乘之君"之说。

为了增强军事力量，以赢得战争，各国都把先进技术运用到制造战车上。于是，各类战车应运而生，成为当时的一道亮丽风景。战车按用途不同，可分为几个类型。有戎路，又称"旆车"，以车尾立饰有旄牛尾的旌旗作为标志，是主帅乘坐的指挥车。轻车，也称"驰车"，用来冲锋陷阵。阙车，即补阙之车，是用于补充和警戒的后备车。苹车，车厢围有苇草皮革为屏蔽，作战时可以避飞矢流石。广车，是一种防御列阵之车，行军时用来筑成临时军营。

这些战车统称"五戎"，其用途归纳为3类：一为指挥车；二为驰驱攻击的攻车，它是战车的主要车种；三是用于设障、运输的守车。为挥戈舞剑之便，战车一般都将车盖去掉，有的还在车轴两端的铜毒

■ 周代战争中使用战车的场面

辖上装有矛刺，在冲锋陷阵时刮制敌方的步兵。

马车装备的武器有远射的弓矢，格斗的戈戟，自卫的短剑和护体的甲胄与盾牌。主将所乘的旗车，还要设置金鼓和旌旗，主将或鸣金或击鼓，以指挥所有战车的进退。旌旗标明主将所处的位置，它的树立和倾倒成了全军胜败存亡的象征。

每辆战车还配备10多名步兵，分列在车两边，随车而动，配合作战。作战时，每5辆战车编成一个基层战斗单位。车战时，战车先呈一线，横列排开，相去40米，左右10米，队间60米，使各车之间保持适当的间隔距离，既防敌车冲阵，也使各车行动自如，互不妨碍。

由独辕车发展演变而来的战车被广泛用于战场，车战也在春秋时期曾经发挥了重要作用。随着步兵地位的提高和骑兵的出现，战争开始由车战向以步、骑拼杀为主的形式转变，战车逐渐失去了以往的重要地位。汉代以后，曾盛极一时的车战和战车终于退出了历史舞台。

阅读链接

相传，春秋时期的齐国和卫国联合起来讨伐晋国。当时，齐侯想夸耀自己车马的豪华与精良，便事先驾上专车"广乘"去约卫侯赴宴。

席间，齐国人谎称晋军来袭，齐侯便赶忙邀卫侯乘上"广乘"。于是，两位国君合乘一车，车上甲士环列。奔驰了一阵子，齐人又报告没有晋师到来，这才止住车马，卫侯松了口气。齐侯则为他的"广乘"耐用快捷而得意洋洋。

后来，齐桓公之子曾以千辆车接力运输财产，每车8次往返，可见其车辆之多且性能之好。

秦汉单马双辕车

秦汉时期是我国封建社会最早的大一统时期,统一的时间长、范围广,这为交通工具的开拓与发展带来了空前的机遇。这一时期,车子有了很大发展和变化,独辕车逐渐减少,双辕车有了大发展。

从西汉开始,进入双辕车大发展时期,东汉以后,双辕车便基本上取代了独辕车,车的种类增多,出现了独轮车和改进的指南车。

双辕车的出现,改变了独辕车至少系驾两马方能行走的局限,使单马拉车成为可能,从而使我国古代的车由驷马高车进入了单马轻车的发展新阶段。

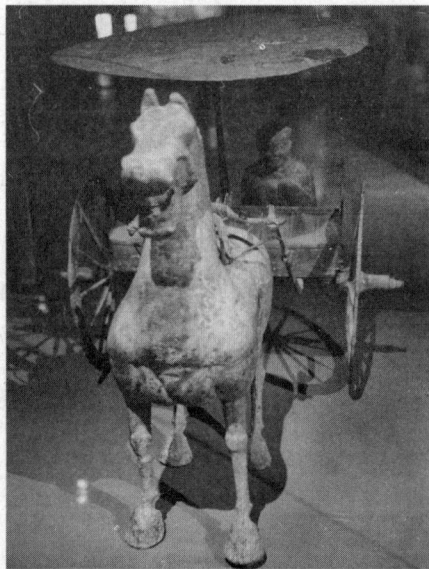

■汉代单马双辕车

■ 秦代陶牛车

轭辀 古代车的
两个部件。轭是
驾车时套在牲口
脖子上的曲木。
辀是一种用木制
造的梁，有几种
类型，并给不同
类型的牛使用。
我国以牲畜为驱
动力的古车驱动
部分主要有辕和
辀。辀是车辀两边
下伸反曲以夹住
牲头的部分。

迄今世界上最早的双辕车模型，是在秦人墓葬中出土的。秦代双辕车只需一个牲口驾辕，系驾大为简化，也更容易驾驭。

双辕车的结构，除辕变为两根外，其他各部位与独辕车基本相同。双辕开始仍为上扬曲身的形式，为防止车辕折断，往往在车辕中部到轭辀之间加缚两根木杆，以加固车辕，后来逐渐演变为平直的形式。

至汉代，双辕马车因乘坐者的地位高低和用途不同，细分为若干种类，主要有斧车、轺车、施幡车、轩车、辀车、辎车、栈车等。

汉代马车的种类复杂、名目繁多，除上述几种车外，见于记载的还有皇帝乘坐的辂车和金根车。据《续汉书·舆服志》描写，金根车上有"鸾鸟立衡""羽盖华蚤"。

高级官吏乘轩车，这是两侧有障蔽的车。一般官吏乘"轺车"。贵族妇女乘坐辎车，车厢像一间小屋子似的。此外，还有许多供某一特定目的而制作的专用车辆类型。

汉代交通发达，除乘人的马车以外，载货运输的牛车数量也大量增加。牛车自商部落时就有，因牛能负重但速度慢，所以牛车多用以载物。其车厢宽大，又称"大车""方厢车"。

牛车最初是做生意的人用来载货贩运的运输车，商部落首领王亥就曾经赶着牛车做生意。

古代我国以农业为立国之本，自古重农轻商。所以，大小奴隶主贵族死后，随葬品只用马车，而绝对不用牛车。

汉代车舆制度曾明确规定："贾人不得乘马车。"所以牛车在汉代就成为商人们运货载人的主要交通工具了，不少富商大贾拥有成百上千辆的牛车。

汉以后，人们坐车不求快速，但求安稳，直辕的优点渐渐显出，直辕车也开始盛行，而曲辕车渐被淘汰。

汉代牛车也采用直辕形式，它支点较低，在平地上行车时远比曲辕的马车平稳安全，而且制作时可选用较粗大的木材，提高了车辕的坚固性，而无须像马车那样附设加固杆。

无论是乘人的马车还是载物的牛车，皆必须在较宽敞的道路上行驶，而不适于在乡村田野、崎岖小路和山峦丘陵起伏地区使用。因此在东汉和三国时期出现了独轮车，这是

■汉代牛车人物俑

■ 诸葛亮制造木牛流马场景

诸葛亮（181—234），字孔明，三国时期蜀汉丞相，我国历史上著名的政治家、军事家、散文家、发明家。辞世后追谥为"忠武侯"。后世常以"武侯""诸葛武侯"尊称。诸葛亮是我国传统文化中，忠臣与智者的代表人物。

一种既经济又实用的交通运输工具，在交通史上是一项重要的发明。

根据历史记载，诸葛亮北伐时，蒲元创造"木牛"为军队运送粮草。当时的木牛就是一种特殊的独轮车。

独轮车的特点是结构简单，两个把手前端架置一轮，把手间以横木连接，形成一个框架，其上或坐人或置物，轮两侧有立架护轮。行车灵活轻便，一般只要一人推动，或加一人在前面拉曳，载人载物均可。

在狭窄的路上运行，其运输量比人力负荷、畜力驮载大过数倍。

这种手推车也叫"鸡公车"。"鸡公"之得名，大概因为其形状有点像鸡公：一只硕大的轮子高高耸起，像昂扬的鸡冠；两翼是结实的木架，堆放货物；

后面两只木柄，被推车人提起置于胯旁，自然像张扬的鸡尾了。

最初，手推车最正统的名字叫"辘车"。汉代井上汲水多用辘轳，而手推车就是由一个轻便的独轮向前滚动，形似辘轳，所以称其为"辘车"。至于独轮车之名，要晚至北宋时沈括写的《梦溪笔谈》一书中才看到。

独轮车是我国古代交通史上的一项重大发明，它以自身经济而实用的长处，历2000余年而未绝迹，至今在我国一些山野和乡村中，各种式样的独轮车仍在使用，尽管它们的名称各异，形制却相差无几，都是渊源于汉代的辘车。

特别应该强调的是，在单辕双轮车的基础上，三国时期的马钧还发明了指示方向的指南车。

马钧是一位卓越的机械发明家，他制造的指南

马钧 是我国古代科技史上最负盛名的机械发明家之一。马钧制成指南车后，他又奉诏制木偶百戏，称"水转百戏"。接着马钧又改造了织绫机，农业灌溉的工具龙骨水车，为我国古代科技的发展和进步做出了贡献。

■汉代独轮车模型

■古代的指南车

车，是我国古代的一项重大发明。

在发明指南车之前，马钧听到有人议论指南车只是远古神话里黄帝和蚩尤大战时出现的东西，是虚构的，根本就不存在。但他听后很不以为然。

他认为古时曾有过指南车，只是现在失传了，只要肯下功夫研究，把指南车重新造出来并不难。于是他不怕讥笑，排除困难，经过长期摸索，终于研制成新的指南车。

马钧发明的指南车是一种由车子和一个小木人构成的指示方向的机械，车中装有可自动离合的齿轮传动装置，并与木人相连，木人有一只手指向前方。不管车辆朝什么方向行走，在自动离合齿轮装置的作用下，木人的手都指向南方。

秦汉时期是我国车辆发展的黄金时期，出现了许多种类的车辆，在我国古代车辆发展史上占有重要的地位。

阅读链接

东汉科学家张衡发明了记里鼓车。车分上下两层，上层设一钟，下层设一鼓。车上有小木人，车走10里，木人击鼓一次，击鼓10次，就击钟一次。

记里鼓车的原理，是利用齿轮机构的差动关系，记程功能是由齿轮系完成的。

车中有一套减速齿轮系，始终与车轮同时转动，其最末一只齿轮轴在车行一里时正好回转一周，车子上层的木人受凸轮牵动，由绳索拉起木人右臂击鼓一次，以示里程。

记里鼓车的用途很狭窄，它只是皇帝出行时的仪仗之一。

两宋时期的车辆

　　宋代陆路用的两种重要的运输工具，被称为"太平车"和"平头车"，满足了当时短途运输和长途运输的需要。此外还有形制构造各有特点的战车。

　　太平车是从远古沿袭下来的一种古旧车辆，是我国古代造车工艺趋向成熟的结晶，宋代已有较统一的样式，主要使用在我国平原地区。平头车有厢无盖，比太平车小，在当时被普遍用于长途运输。

■ 两宋时期的陶牛车

■ 青瓷牛车

交通巡礼
历代交通与水陆运输

士族阶层 "士族"这个字眼在我国历史上绝对是一个重量级词汇。士族制度是一种按门第为标准的选官制度，是贯穿魏晋南北朝时期最有时代特征的政治制度，是一种腐朽的政治制度。

在宋代之前，随着汉代以后士族阶层兴盛起来，乘马车的繁文缛节，使他们不能随心所欲行事，实在不堪忍受，于是便把喜好逐渐转向牛车。这样既可享受乘车之方便与舒适，又不需再为各种礼仪所拘束。

至南北朝，牛车盛行，据《魏书·礼志四》记载，北魏皇帝出行乘坐的楼辇，要由12头牛拉车。可见北朝使用牛车之盛。南朝比之北朝，也毫不逊色。

由于士族大姓们皆贪求舒适，醉心享受，各种高级牛车便迅速发展起来，车辆也随之发生了变化。车速更快，车舆敞露，汉代那种为严格礼法所拘的"轺车"逐渐绝迹了。

颜之推在《颜氏家训》中说，当时郊野之内，满朝士大夫"无乘马者"，有的士大夫，从来就没有见过马。风习发展到极致处，甚至谁要是骑马或乘马车，还会被别人弹劾。这种状况，直至隋唐五代，也鲜有变化。

至宋代，官僚们坐轿子的风气渐渐兴盛起来。这时高级车辆的制作和改进得不到重视，制车技术的重点也逐渐由乘人的车转到载货的车。另外，宋代时期良马奇缺，因此骡车和驴车占了重要地位。

北宋刚建国时，北方和西北就有强大的辽和西夏政权与之对峙。而辽、西夏所控制的广大地区都是产马之地，这就造成北宋马匹来源困难的处境。

继而金取代辽，雄踞北方，最后北宋也亡在了金的铁蹄之下。及南宋建立，迁都江南，良马奇缺。因此两宋承袭隋唐旧习，驾车以牛为主，也有骡、驴。

自两宋开始，乘轿之风渐兴，达官贵人畏惧乘车之颠簸，而醉心于坐轿的舒适，出行时但求安稳，不求快速。

当西方已出现转向自如、舆间装配有弹簧的豪

颜之推（531—约595），我国古代文学家，生活年代在南北朝至隋朝期间。颜之推曾著有《颜氏家训》，在家庭教育发展史上有重要的影响。是北朝后期重要散文作品；《北齐书》本传所载《观我生赋》，也为赋作名篇。

■ 宋代的太平车

华型四轮马车之时，我国还在沿用自汉代以来就一直使用的双辕双轮车。在此期间，历代车制除在车舆的形制和装饰上有所变化外，其基本形制无大改进。

宋代官僚们乘坐人抬的轿子的风习渐兴，乘车较少，宋代的制车业也以载货运输车为主。这种载货的车，当时称之为"太平车"。

太平车多由耐腐、耐震而抗碰撞的椿木、槐木等硬质木料打制而成。车底、内帮很厚，两边各有两个木轮子，每个轮子都由一段段弓厚铁瓦围镶着轮边。

铁瓦又由若干大铆铁钉深深砸进车轮内圈，十分坚牢。双帮的纵底木之间卡着车轮的铁质横轴，不影响车轮在双帮之间转动。4个轱辘转起来，行驶中会发出咕噜咕噜的声音。

太平车的制造过程，一般分为开工、合车、铸造铁件、镶嵌铁器、刷油打泥。

其独特的制作技艺，一是独特选材与备料，包括木材挑选、备料、熏炕等工序，主要是为了选好用材以及对所选材进行强化处理；二是榫头失蜡法，这是我国古代造车的独特工艺，它解开了古代车辆

坚固耐用的秘密，表现了中华民族的无穷智慧。

太平车是我国古代造车工艺趋向成熟的标志，因为保持着商周时期独辕车的雏形，所以被称为"中国车辆活化石"。

宋代的绘画中，就有不少这种太平车的形象。仅北宋张择端著名的《清明上河图》，就描绘了10余种不同式样的车，其中几辆用4匹马或两匹健骡拉的大车就是太平车，其形制与文献之记载完全相符。

从图中可以看出，太平车的行走方式与以前的车不同，即由人驾辕，牲畜拉车，缰绳一端缚绑在骡颈的轭套上，另一端缚扎在车轴上。显然采用这种人驾辕，骡拉车的系驾方法，车速是很慢的，正适于但求负载多，不求行车快的要求。

另外，它还具有载重量大的特点，非常适宜于在地势平坦的地区短途运输大批量的东西。当时拥有太平车者多是些富裕人家或商行货栈。

失蜡法 也称"熔模法"。做法是用蜂蜡做成铸件的模型，再用别的耐火材料填充泥芯和敷成外范。加热烘烤后，蜡模全部熔化流失，使整个铸件模型变成空壳。再往内浇灌液态金属，便铸成器物。以失蜡法铸造的器物可以玲珑剔透，有镂空的效果。失蜡法在我国有悠久的历史。

代步工具
车马与轿子

■《清明上河图》局部

■ 古代的炮车

宋代还有一种用于运输载货车，叫"平头车"。

宋代文学家孟元老在《东京梦华录》中这样介绍平头车：

> 亦如太平车而小，两轮前出长木作辕，木梢横一木，以独牛在辕内项负横木，人在一边，以手牵牛鼻绳驾之。

曾公亮（998年—1078年），北宋著名政治家、军事家、军火家、思想家。封兖国公、鲁国公，卒赠太师、中书令，配享英宗庙廷，赐谥宣靖。曾公亮与丁度承旨编撰《武经总要》，为我国古代第一部官方编纂的军事科学百科全书。

平头车是一牛驾辕，辕牛前有配套的3头牛或4头牛。车身高大，轮与车厢齐平，车厢上加拱形卷篷，在长途跋涉时防止货物遭日晒雨淋。卷篷和车厢之间有一隔板，似为堆放车夫的行李物品处。

平头牛车均是几辆车结队而行，形成一支支有组织的长途运输队。这种牛车运输队在宋代极为普遍。

宋代以后的战车同车战时代的战车不同，主要不是乘载士兵作战的战斗车辆，而是装备各种冷兵器和火器的战斗车辆，种类比较多，形制构造各有特点。

在宋代文臣曾公亮和丁度合编的《武经总要·器图》中，绘制有车身小巧的独轮攻击型战车，包括运干粮车、巷战车、虎车和象车、枪车等。运干粮车、巷战车和虎车的构造相同。

它们是在一辆独轮车上，或在车前安置挡板，两侧安置厢板，或在车上安一个虎形车厢，以掩护推车士兵。同时在车的底座上和虎形大口中，通出多支枪刺，以便在作战时冲刺敌军。

安有4轮的象车和枪车的车身比较宽，象形车厢和挡板比较大，安插的枪刺比较多，主要是在野战中排成车阵，用来冲击敌军的前阵。

南宋抗金将领魏胜在抗金备战中，创制了几十辆抛射火球的炮车和几百辆各安装几十支大枪的如意战车，以及安有床子弩的弩车。

魏胜创制的炮车、如意车和弩车，受到了朝廷的重视，曾下令各军仿造使用。随着制造技术的日渐成熟，宋代出现了火器和冷兵器相结合的战车，及火战车、火箭战车、炮车和综合型战车等。它们的构造特点是在两轮或四轮车上安装大型木柜或木架，架置各种火器和冷兵器，可发挥综合杀敌的作用。

阅读链接

宋室南迁后，宋高宗认为江南的气候潮润，路面湿滑，一些上了年纪的大臣骑马出行，很容易滑倒被摔伤。于是，轿子成为当时非常普及的交通工具。当时，从事医卜星相的民间艺人，也可以乘坐两人小轿往来各地。

南宋姜夔的《鹧鸪天·巷陌风光纵赏时词》便描述了这一场景："白头居士无呵殿，只有乘肩小女随。"

其中的乘肩就是指坐轿子，旁边跟了一个小女仆从，很随意的样子。从词中描述的生活画面，可见乘轿在当时，是很常见的景象。

轿子的历史兴衰

在我国古代的交通工具中，有一种完全依靠人力的交通工具，那就是轿子。自南宋起，无论是达官贵人还是平民百姓迎亲嫁娶，多乘轿子，因此轿子成了当时人们追求身份、地位的象征。

轿子的种类大致分为官轿和民轿两种。不管是官轿还是民轿，乘轿者都安稳舒适，几乎是一种特殊的享受。

不过在清末民初，轿子已日见没落了，轿车逐步代替了轿子，具有了现代交通的雏形。

■ 古代的轿子

■《女史箴图》中的八扛舆场景

据说，轿子的雏形最早出现在我国4000多年前的夏朝初期。据《尚书》记载，夏朝始祖大禹治水之时，奔走四方，曾经就乘坐过轿子。但此后经过多年的发展，轿子在先秦时代还是很少见。

至魏晋南北朝时期，轿子的形制不同，名称也各异，有"八扛舆""版舆""篮舆"等。北宋史学家司马光《资治通鉴》说，这些不同形制的轿子，皆"人以肩举之而行。"

东晋画家顾恺之的《女史箴图·班姬辞辇图》中，有八扛舆的形象。其轿身较大，可同时乘坐两人，轿夫为8人。

八扛舆是一种高等肩舆，当时只有皇亲王公才能乘坐。而民间通用的板舆，形制比较简陋，只是把一块方木板固定在两根杠上，由两人一前一后抬行，乘坐者则屈膝或盘腿坐在板上。

东晋时，乘轿子的人才逐渐多起来。至隋唐时期，经济文化高度发达，各类出行工具都派上了用

司马光（1019—1086），字君实，号迂叟，陕州夏县涑水乡人，世称"涑水先生"。司马光是北宋政治家、文学家、史学家，历仕仁宗、英宗、神宗、哲宗4朝。他主持编纂了我国历史上第一部编年体通史《资治通鉴》。

代步工具 车马与轿子

■《步辇图》中皇帝乘坐步辇的场景

交通巡礼

历代交通与水陆运输

阎立本（601—673），隋朝画家阎毗之子，阎立德之弟。唐代著名画家。擅长工艺，多巧思，工篆隶书，对绘画、建筑都很擅长，隋文帝和隋炀帝均爱其才艺。入隋后官至朝散大夫、将作少监。兄阎立德亦长书画、工艺及建筑工程。两人并以工艺、绘画驰名隋唐之际。

场，轿子也受到前所未有的青睐。

盛唐时期，轿子的种类比魏晋时期要丰富许多。比如皇帝所乘的步辇，王公大臣所乘的步舆，妇女所乘的檐子，民间通用的"板舆"则是各种各样。

唐代画家阎立本所画的《步辇图》是最早的皇帝乘坐步辇的形象。画中所绘是吐蕃赞普派其丞相到长安，觐见唐太宗，求婚文成公主一事。

妇女乘轿也始于唐代，她们乘坐的檐子，是以竹篾编扎而成，形制已接近后世的轿子。但当时乘轿的妇女仅限于朝廷命官的妻子和母亲。

轿子作为一种交通工具，得到较大普及的是在宋代。从北宋初年开始，舆轿已流行于社会的各个阶层。

据《夷坚志》记载，一名乡下老妇人去见亲戚，也乘坐两名村夫抬的舆轿，可见当时乘轿已很普遍。

北宋时有大臣上奏宋太宗赵炅，认为眼下普通百姓都乘轿，不成体统。于是宋太宗规定"非品官不得乘暖轿"。暖轿是指轿顶使用布盖，四周饰有布帷的封闭型轿子，又称"暗轿"。

相传，在北宋年间，历经4朝的元老文彦博，因为年老体衰，与另一位身患疾病的名臣司马光，被皇帝特许乘坐轿子，属于是优待老臣的恩典。

南宋时期，轿子的使用数量终于超过了车，各级官员偏重于坐轿，很少乘车，因为轿比车要平稳，可以免去路途不平造成的颠簸。朝廷还加强了对于轿子等级的划分，同时取消了对车的等级规定。这表明，南宋上流社会已经把轿当成首要的出行工具。

宋代时期的轿子虽然同汉唐时期的轿子大同小异，仍两人抬杠，但选材精良，以硬木为主，上雕花纹飞龙，造型美观。

至明清时期，轿子发展为4人抬或8人抬。作为炫耀消费品，轿子成为排场和面子的最佳载体，即使几十步也要乘轿。大明官吏几乎无一不是豪华轿子的狂热痴迷者。

嘉靖时期，左都御史张永明上奏，弹劾南京太仆寺卿王某。因升光禄寺卿赴任，王某和家口坐8抬大轿3乘，4人大轿4乘，总共用了340个扛夫和轿夫，一日花费差银40余两；从南京至陕西1500千米路，浪费差银不下千两。

明清两代，轿子几乎成为中国交通的代名词，"行到前门门未启，轿中安坐吃槟榔"，关于轿

赵炅（939—997），本名赵匡义，后因避其兄太祖讳改名赵光义，即位后改名炅。宋朝的第二位皇帝，谥号"至仁应道神功圣德文武睿烈大明广孝皇帝"。在位期间，改变唐末以来的重武轻文陋习，加强了中央集权。灭北汉，基本完成统一。

■古代的轿子

子的等级制度和权力文化也在这一时期达到登峰造极的程度。

在古代，轿子分为官轿和民轿两种。官轿是皇家、官员的主要交通工具，由于坐轿者身份不同，所乘的轿子也不同。

由于皇帝们的地位特殊，因此他们坐的轿子分为许多种。如礼舆，是供皇帝上朝时乘坐的；步舆，是供皇帝在紫禁城内巡行时乘坐的；轻步舆，是供皇帝去城外巡狩、视察民情乘坐的；便舆，是供皇帝在巡视时备用的一种轿，随时以轿代步用的。平时，皇帝在宫内出入，一般都乘便舆，冬天坐暖舆，夏天坐凉舆。

除皇帝的轿子外，不同品级的官员则坐不同的轿子。官轿出府，常有随从在前鸣锣开道，四周还有侍卫人员，前呼后拥，展示官威。百姓见之，必须肃静、回避。

官轿所用的轿夫也分等级，官越大，抬轿的人越多。一般七品官员多为4人抬，五品以上的官员可乘8人抬，皇帝出宫时是16人抬，自然是最高的规格。

古代轿子

抬轿也是一门技术。抬轿子讲究抬得稳，走得快，所以好轿夫都是经过专门训练和长期锻炼的。尤其是4人抬、8人抬官轿的轿夫，是要有充足的体力的。

除去官轿，还有一种轿就是民轿。通常来说，民轿的使用者大多是富户人家。在民轿中还有一种被称为花轿或喜轿的，专用于百姓婚事。拥有这种轿子的多是一个民间组织。

随着封建社会的被推翻，

古代4人抬的轿子

以及科学技术的不断进步，除了在特殊场合，如某些传统婚礼场合，尚能看到一些罕见的花轿外，这种落后的交通工具，已经为时代所淘汰。

　　轿子的历史兴衰，与社会思想和权力有很大关系。有人认为轿子是"以人代畜"，违反道德，因此"皆不甚乘轿"。在等级森严的时代，与权势长期结缘的轿子一旦走入民间，它的生命力便旺盛昂扬起来，具有了丰富的色彩。

阅读链接

　　古代在官衙里当轿夫，多是子承父业。因为抬轿也是一门技术。

　　在衙门里当轿夫有许多禁忌，首先是行轿时不能大声说话，上肩、走轿、停轿全听领队的轿头指挥。轿头多用暗示，如起肩走轿喊一声"起轿"。其次，上坡下坡时要拍轿杠，落轿后前面的轿夫要闪开，以便官员出轿。

　　此外，轿夫还要忌口，不能吃大蒜、生葱和韭菜等有异味的东西，以防当官的闻到。还不能大声吐痰什么的，怕的是当官的听到"膈应"。

清代豪华的轿子

清代的王公贵族之所以越来越宠爱轿子，是因为坐在这种特殊的交通工具上，无车马劳顿之苦，安稳舒适。

清代的轿子已经发展为4人抬或8人抬，皇帝出行时要16人抬。但它作为清代等级秩序的重要标志和主要交通工具，在社会生活中广泛应用，同时也折射出了当时社会生活的情况与变迁。

由于官轿是权力的象征，因此出轿的仪式异常的威风，也因轿子的颜色不同，昭示官员的地位也不同。

■清代轿车

■ 清朝王府的八人仪仗大轿

清人以弓马得天下，清朝朝廷要维持所有满洲官员的尚武精神，保持战斗力，唯恐王公大臣乘坐轿子惯了，享于安乐而荒废了骑射之术。

所以在清代初期，朝廷规定在京的满洲大臣不分文武一律乘马，不准坐轿。一品文官如果因为年老或疾病不能乘马的，必须经过特许才可坐轿。

满洲官员不许乘轿的禁令在康熙帝时就松弛了，乾隆朝时，乘轿已成普遍现象。但乘轿有严格规定。

外省的汉人官员，诸如督抚、学政、盐政、织造等三品以上的官员，可以乘坐8人大轿；其余的从道员到知县，可以乘坐4人大轿。其他的杂职人员只准乘马。

武官中，若是有将军、提督、总兵，因年纪太大，骑马不方便，可以上书朝廷申请乘轿。若是外官入京，一律乘车，不准乘轿子。

康熙帝（1654—1722），全名爱新觉罗·玄烨，满族人。清朝的第四位皇帝，清定都北京后第二位皇帝，谥号"合天弘运文武睿哲恭俭宽裕孝敬诚信功德大成仁皇帝"，庙号圣祖，年号康熙。他奠定了清朝兴盛的根基，开创出"康乾盛世"的大好局面。

■ 清代的官轿

满人官员乘轿的规定最为严格。亲王和郡王可以乘坐8人大轿，但平日里为了方便，也是乘坐4人轿。亲王、郡王、世子的福晋，她们乘坐的轿子规格，以及轿上的各种装饰，都有严格的规定。此外，贝勒、贝子、镇国公、辅国公，则是乘坐朱轮车轿。

一品文职大臣、军机大臣乃乘坐4人轿；二品大员要等到年过60岁，才能乘坐轿子。蒙古王公则一律不准乘轿。其中只有一个特例，咸丰年间被封为亲王的僧格林沁，被咸丰特许乘坐轿，是属于仅有的例子。

至于平民百姓乘坐的轿子也有规定，必须齐头，平顶，黑漆，帷幔也只能用皂色的布。

另外，清代还有一种用牲口抬的轿子，主要是用两根长杠子架在前后两头骡子的背上，而中间的部分置轿厢，人坐卧其中，可以应对较远的路程，名叫"骡驮轿"。

当时的轿车都是木制的，普通百姓坐的车用柳木、榆木、槐木、桦木等普通木料制作，而皇室和贵族坐的则用楠木、紫檀、花梨等上好木料做成。

轿车成型后，再鬃以油漆，一般是栗壳色、黑色，好木料用本色油漆，谓之"清油车"。载物的骡车叫"大车"或"敞车"，其车厢上不立棚，无车围和其他装饰。

一辆轿车由辕、身、梢、篷、轴、轮几大部件组成。车辕为两根圆头方身的长木，后连车身、车梢，构成整个车的"龙骨"。

车厢坐人处一般用木板铺垫，讲究点的，木板中心用极密的细藤绷扎，类似现在的棕绷床，其上再置车垫子。

在车辕前架有一短脚长凳，名"车蹬子"，平时架在辕前，乘者上下车时，便取下作为垫脚用。有的车辕前还横置一根方形木棍，停车时，用以支撑车辕，以减轻牲畜所负的重量。

车厢上立棚架，棚上有卷篷，篷均用竹篾编制，外面裱糊一层布，布上再涂一层桐油，可防雨淋。车梢尾部较宽，用来放置行李箱笼，无行李时，还可以倒坐一人。

车轴木制，位于车厢中部的重心上。车辋是用硬质木破成扇形木

■清代轿车

■ 南阳府衙内的轿车

景泰蓝 北京著名的传统手工艺品。又称"铜胎掐丝珐琅"，是一种在铜质胎型上，用柔软扁铜丝，掐成各种花纹焊上，然后把色釉填充在花纹内烧制而成的器物。在明朝景泰年间盛行，制作技艺比较成熟，使用的珐琅釉多以蓝色为主，故名"景泰蓝"。

板、开榫拼接而成，中心以硬木为毂，用16根木辐连接毂、辋而制成木轮，轮的拼接处再用大铁钉钉牢，轮框和辋的触地滚动部分都密钉大型蘑菇头铁钉。

豪华的轿子还有许多金属饰件，如后梢横木上的"填瓦"，车厢套围子的"暗钉""帘钩"，车辕头的"包件"等。这些饰件多用黄铜或白铜刻花，豪华的还有用景泰蓝、戗金银丝的。

车棚是由木格搭成，外面还要包一层布围，以避风雨，这种布围叫车围子。无论是贵族乘坐的高级马车还是平民乘坐的普通轿车，其形制没有太大差异，主要的区分就在车围子上，其用料、缝制工艺、颜色等都有不同。

豪华轿车的车围子用绸子或锦缎制成，冬天用皮，夏季夹纱，嵌玻璃，绣珠宝，顶缘垂穗，装饰华丽，变化万千。车围子在颜色上更是等级森严，不得僭越。皇帝用明黄，亲王及三品以上的官用红色，其余用宝石蓝、古铜、绛色、豆绿等色，各随车主爱好。

平民百姓使用的轿车围子只能是棉布或麻布制成，颜色也只能用青色或深蓝色。不论是高等轿车还是普通轿车，一般不用白色，因为白色是重孝的颜色，不能随便使用。

车围子左右还要开一个1尺见方的小窗，上嵌玻璃，讲究的车前后左右均开窗，最多的可以开13个大小不一的窗户，人称"十三太保"，窗的形状也各异。

车门设在前面，门上挂一个小夹板帘子，中间也嵌有玻璃，车内的人可以望到外面，夏天则换成细竹帘。

不上围子的轿车，叫"光架子骡车"，一般不能上街，因为处决犯人时，常乘这种车去菜市口刑场。所以，再破的轿车也要上个围子，铺上垫子才能使用。

乘轿车之风兴起后，各种名目的轿车也就随之产生，如夏仁虎在

■ 清代象征一定地位的轿车

■清代的豪华轿车

《旧京琐记》中所说："旧日乘坐皆骡车也，制分多种：最贵者府第之车，到门而卸，以小童推之而行。'跑海车'，沿途招揽坐客。"还有奔驰于通衢，走长途涉远道的专线运送乘客的轿车。

徐扬画的《乾隆南巡图》里，有一种马拉的轿车，两个车轮都在车辕的尾部，是一种特殊的形制，或许是皇家的独享。

至清代后期，这种车很少使用了。但在交通不便的地方，也有人使用这种轿车。其时车的装饰极为简单，车厢立棚，外面覆以蓝布幔帐，前面挂帘。

毫不夸张地说，"轿车"似乎是古代车马最后的辉煌，随着人力车和汽车在我国的出现，我国古代车马也走到了尽头。

阅读链接

轿子的种类有官轿、民轿、喜轿、魂轿等。在使用上，有走平道与山路的区别；在用材上，有木、竹、藤等之分；在方式上，有人抬的和牲口抬的。

骡驮轿是清末民初流行过一阵的交通工具。骡驮轿是用两匹骡子前后抬着。轿杆固定在骡背鞍子上。轿夫跟着边走边吆喝。轿内坐人，大轿可坐三四个人。轿外夏包苇席或蒙纱，冬季则是棉围子。骡驮轿多用于山区或乡间崎岖小路。

信使之所

邮传与驿站

　　我国古代通信历史源远流长，是世界上最早建立有组织的传递信息系统的国家。

　　早在尧帝时，信息传递就已见诸记载。之后在各个时期，人们为了传递信息，发明了各式各样的通信方式。如击鼓传声、烽火报警、邮驿传书等，代代相传，至今已延续了数千年。

　　古代的邮驿传递是以官府的文书和军事情报为主，历代朝廷为了提高邮驿速度，就在大道旁修建驿站，备良马和专职人员；并制定法规法令，以确保邮驿的顺利运行。

先秦邮驿的滥觞

在远古时代，先民在为文明奠基的同时，也创造了资讯传递的雏形。随着社会发展和军事、政治的需要，逐步产生和形成了专为官府传递公文的我国古代邮驿制度。

先秦时期的驿递方式已经比较完备了，具备了一定的结构形式和迅捷的工作效率，是我国邮驿的滥觞。应当说，我国古代邮驿是中华文明创造的杰作之一，为后来交通的发展奠定了基础。

■ 鸡鸣山古驿站遗址

■ 鸡鸣山古驿站遗址

邮驿，是我国古代的一种通信和交通形式。古时人们传信的方式不如现代社会这样容易，但别小看古代的邮驿系统，它是任何要求高度集权的政体，强化政治管理、提高行政效率的基本条件之一。有人称邮驿系统为"国脉"。

在先秦时期，步递称作"邮"，以车传送称作"传"，以马传送则称作"驿"。为"驿传"设置的中途停驻之站称作"置"，为邮递设置的中途停驻之站称作"亭"。

这种由邮传与驿站设施和机构组成的邮驿系统，通常由朝廷管理，主要为政治、军事服务，承担传递文书、接待使客以及转运物资的任务。

我国古代通信，起源很早。据古书《古今注》记载，尧曾经"设诽谤之木"。这种木制品，形似后世的华表，既可以在上面书写对朝廷的意见，又可作为

华表 古代用于表示王者纳谏或指路的木柱。它既有装饰性作用，而且也是提醒古代帝王勤政为民的标志。华表是中华民族的传统建筑物，有着悠久的历史。相传华表既有道路标志的作用，又有过路行人留言的作用，在原始社会的尧舜时代就出现了。

■ 鸡鸣山驿站遗址

木铎 是指以木为舌的大铃，铜质。古代宣布政教法令时，巡行振鸣以引起众人注意。据说在夏商周时期，就曾经有称为遒人的朝廷官员，摇动木铎，巡行于各地，既以宣达政令，又进行必要的采风。

路标。在各条道路的路口都有设置。

这大约是我国文字记载的向上表达意见的一种最早方式，也可认为是上古时代原始形式的上书通信。

至舜的时候，设有专司通信的官。这些官员，"夙夜出入"，到各地听取民间意见，并把舜的意图传给大家。他们被称为"喉舌之官"，实际上是当时起上传下达作用的通信官吏。

这时候，上下交流意见的有组织的通信活动走向正规，也就是确立了纳言制度。

至夏王朝时，我国中原地区进入了奴隶制社会。那时候，朝廷对道路修整和交通管理比较重视。正因为道路的通畅，夏代命令才下达得迅速有效，夏王朝声威大震。

在夏代，人们的通信活动也比以前复杂化了。流传下来的《尚书》说，每年春天，朝廷派出宣令官，手执木铎，在各交通要道，宣布朝廷的号令。这是我国早期下达国家公文的方式。

朝廷对国家进行各方面的治理，需要完善的通报组织系统，所以，夏代设立了"牧正""庖正""车正"等官吏。牧正是专管畜牧的，庖正是管理膳食的，车正就是统管民间通信系统的官吏，负责天下"车旅"。

从夏代至商代，信息传递发展得很快。商代的道路交通网络比夏代大大扩展。商代对道路管理有严格的制度。甲骨文里记载说，为了旅途方便和防止不测，在通衢大道沿线，商代朝廷设立了许多据点和止宿之处，这就形成了最初的驿站制度。

起先这些据点称为"堞"，大约是用木栅墙筑成的防守工事；后来这些堞发展成为"次"，成为可以暂住的旅舍之类。

再后来，正式建立"羁"，这是商王朝专为商王、贵族建筑的道边旅舍，这就是我国最早的驿站

甲骨文 是我国已发现的古代文字中时代最早、体系较为完整的文字。甲骨文主要指殷墟甲骨文，又称为"殷墟文字""殷契"，是殷商时代刻在龟甲兽骨上的文字。西周兴起之后，甲骨文还延绵使用了一段时期。

■ 鸡鸣山古驿站的戏台

■ 古驿站遗址建筑

桔槔 俗称"吊杆""称杆"，是一种原始的汲水工具。桔槔早在春秋时期就已相当普遍，而且延续了几千年，是我国古代农村通用的旧式提水器具。这种汲水工具看似简单，但它使劳动人民的劳动强度得以减轻。

天官冢宰 西周官名。太宰的别称。太宰原为掌管王家财务及宫内事务的官。天官冢宰、地官司徒、春官宗伯、夏官司马、秋官司寇、冬官司空以及少师、少傅、少保，合为"九卿"。

一类的特别设置。这些羁，不仅可以休息住宿，而且供应饮食。

据甲骨文记载，商代已有专门传递信息的信使。商王出行时，往往身边都要跟随几个信使，供他随时向臣下发布命令。地方头领也通过这些信使向商王汇报情况。

西周已经有了比较完整的邮驿制度。各种不同的文书传递方式有不同的名称：以车传递称为"传"，这是一种轻车快传；还有另一种车传称为"驲"；又一种称为"邮"的，指边境上传书的机构；还有一种叫作"徒"的，是让善于快跑的人传递公函或信息。

在西周的邮传驿道上，沿途设置了休息站，叫作"委""馆"或"市"。《周礼》记载，为接待来往信使，当时5千米设庐，庐提供饮食；15千米有宿处，称为委；25千米设市，市有候馆。

西周朝廷中有一套相对完备的邮驿通信管理系统。天官冢宰是最高长官，下面依次是：秋官司寇负责日常的通信，夏官司马负责紧急文书，地官司徒负责沿途馆驿供应和交通凭证以及道路管理。

负责日常通信事务的司寇下面，还设置了一系列专门人员，有大行人、小行人、行夫等。其中行夫是管理来往信件、信使的具体执行官。

西周时军事上的烽火通信，应用比较普遍。烽火台正名叫"烽燧台"。燧是柴火和狼粪，用火点着发出狼烟，无风笔直上升，远远就能望见。

至晚上，在台上架起桔槔，上置大铁笼子，内装柴草。遇有紧急情况，烧着后形成高耸入云的大火。

从京城至边境，烽火台连缀成线，派专人守望。边境遇到敌国来犯，消息会很快传到都城；都城遇难，消息也会很快传到边关。

西周邮驿的通信效率是很高的。据史书记载，齐国朝廷闻知地方诸侯有失政现象，会立刻乘"急传"赶到齐都临淄，制止他们的专断行为。急传能如此及时迅速地赶到，说明当时驿路的畅通。

春秋时期，各诸侯国日益强大，经济迅速发展起来，通信设施也进一步完善。东周中央王朝和各诸侯国都争相建设国道、通信设施和邮驿馆舍。

齐国是春秋时期首先强盛称霸的诸侯国，邮驿制度较完善。至齐桓公时，"30里置遽委焉，有司职之"。遽指邮驿，委是储备物资的所在，"有司职之"意为有专人负责。

楚国"以驲传命"也成为定制，配置了驿站专用的车和马，称为"驲车"和"驲马"。这时，单骑通信和接力

■古驿站遗址内陈设

子产（？—前522），名侨，字子美，又称公孙侨、郑子产，春秋后期郑国人，是郑穆公的孙子，与孔子同时，是孔子最尊敬的人之一。因公子之子称公孙，故又叫公孙侨，又因其居封地东里，也称东里子产。公元前543年到522年执掌郑国国政，是当时著名的政治家、思想家。

传递开始出现，是我国邮驿制度史上的一次飞跃。

据《左传》记载，公元前540年秋天，郑国公孙黑叛乱，正在都城远郊办事的相国子产闻讯，立即赶回。因为怕乘普通的车耽误平乱最佳时机，他临时乘"遽"归来，这个"遽"，便是那时邮驿中新出现的速度最快的单骑通信。

接力传递的最初记载，也出自《左传》。那是在公元前541年，秦景公的弟弟鍼去晋，在秦晋间开通了一条邮驿大道。每隔5千米路设置一舍，每辆邮传车只需跑5千米便可交给下一舍的车辆。

从秦国的都城雍，即陕西凤翔到晋国的都城绛，即山西绛县，共计约500千米，其间共需换100次邮车。接力传送信件，自然要比原来的单传要快得多。

战国时期，社会经济发展迅速，通信事业也有了巨大进步，各诸侯国之间的交往空前频繁，促使邮驿更加繁忙起来。

战国时期的通信工具比前代有所进步。单骑通信越来越多，"遽"这个字也有了骑马通信的含义。除国家重大事务交由专使去办理外，当时一般通信的权力下移，交给职务较低的下层官吏负责，这些人叫"信臣"。

战国时期，简书通信风

■古驿站

行一时。这时的邮驿中流行
符信。当时驿途上还用过一
种称为"封传"的证件。据
考证，这种封传，就是后来
的驿券，一种在驿道上行驶
的证明。

丙安古镇古驿站遗址

战国时期，符节的名称
和种类很多。就用途而言，有路节、门前符节等。从形状讲，则有鹰
节、雁节、龙节、虎节、马节、熊节等。

持有符节的使者，在通信过程中拥有特权。如果遇到交通阻塞的
情况，他可以优先通过；宣布戒严时期他也可以不受限制破例通行；
他还可以迅速地见到君王。但是他们的通信时间是被严格规定了的，
必须按时到达规定的地点。

先秦时期，除官方通信外，我国尚没有正式的私人通信机构，一
般百姓只能通过来往熟人捎带书信。当时握有大权的少数贵族才可以
握有私邮的权力，比如孟尝君等著名的"战国四公子"，建立了自己
的通信联络组织。

阅读链接

　　西汉史学家司马迁在《史记·五帝本纪》中，记录了黄帝
"合符釜山"的传说。

　　相传黄帝曾召集诸侯在釜山这个地方朝会，以相当于现代
的护照和通行证件"符契"，验合各诸侯的身份。

　　东汉史学家班固在《白虎通·瑞贽》中说，舜即位之初，
"见四方诸侯，合符信。""符"是古代的一种交通凭证，多
以金、玉、竹、木等制成，上面刻写文字，分为两半，使用时
以两半相合为验，这就是"合符"。

　　史籍的记载，反映了文明初期资讯传递方式的进步。

秦汉邮驿制度化

秦大一统国家形成之后，在对先秦邮驿体制继承的基础上又进一步发展、完善。秦汉时期邮驿的主要特点，是制度得以确立，效率有所提高。

驿传系统越来越完备，使臣出行、官员往来、政令颁布和文书传递，安全与效率都得到保证。这一时期有关驿传的法律，比如睡虎地秦简中的相关规定，对后世有深远影响。

汉朝时随着新领土的开辟，邮传制度在更为广阔的疆域内推行。

■秦汉时期的古驿站遗址

■ 茶马古道古驿站
遗址

秦王朝完善了全国范围的交通和通信网络。秦代的邮驿统一了称呼。秦代把以前的"遽""驲""置"等不同名目统一称呼为"邮"。从此，"邮"便成为通信系统的专有名词。

秦王朝将通信工作纳入法律范围加以规范。睡虎地秦简《行书律》规定，文书可分为两大类，一类为急行文书；另一类为普通文书。急行文书包括皇帝诏书，必须立即传达，不能有片刻稽留。普通文书也规定当日送出，不许积压。

秦代时邮传事务的传递者，身份更为低下，已经不再由士以上的官吏担任，而转用民间役夫。秦时特别重要的文书，规定由特殊的人员传送，而且所经之处，任何人不得阻拦。

为了保证途中不泄密，秦王朝作出若干法律规定。比如：不同的文件由不同的文字书写，简册用大

睡虎地秦简 即睡虎地秦墓竹简，又称云梦秦简，是指1975年12月在湖北省云梦县睡虎地秦墓中出土的竹简。其内容主要是秦朝时的法律制度、行政文书、医学著作以及关于吉凶时日的占书，为研究秦帝国发展历史提供了翔实的资料，具有十分重要的学术价值。

■ 崇山峻岭里的古
驿站遗址

汉高祖刘邦
（前256—前
195），汉朝开
国皇帝，他采取
的宽松无为的政
策，不仅安抚
了人民、凝聚
了中华，也促成
了汉代雍容大度
的文化基础。刘
邦使四分五裂的
中国真正的统一
起来，而且还逐
渐把分崩离析的
民心凝集起来。
他对汉民族的形
成、中国的统一
强大，汉文化的
保护发扬有决定
性的贡献。

篆小篆、符传用刻符、印玺用缪篆、幡书用鸟书、公府文书用隶书等。这些规定，有效地防止了文书的伪造。

秦代的通信干线贯通东西南北，朝廷源源不断接到各地情况通报，秦始皇每天要阅批的奏章竹简就重达60千克。靠此有效的通信系统，巩固中央集权制度。

汉代邮驿制度有了更大发展。汉高祖刘邦建汉之初，高度重视邮传发展。建国伊始，便抓紧战争时遭破坏的邮驿设施的恢复。

西汉王朝的巩固，也得力于邮传的便利。比如英布叛乱时，英布手下将领贲赫"乘传"至长安，及时向汉高祖报告情况，使汉高祖得以及时平定叛乱。

汉代时邮传还用于国防。边防上一些重要紧急文书，都是靠邮传递送的。汉武帝时大将李陵北征，兵达受降城，他马上通过邮传给武帝上书报告。

东汉时，在西北的邮驿十分发达，出现了"列邮置于要害之路，驰命走驿不绝于时月，商胡贩客日款于塞下"的繁华局面。

两汉朝廷都高度重视邮传事业。官职职能设立，有许多是和邮驿制度直接关联的。比如，少府中的尚书令和符节令，专管朝廷公文和符节的分发和管理；大鸿胪，兼管邮使的接待；御史大夫也兼管邮传，对邮传使者的凭证进行监察。

和邮传关系最直接的是九卿中的卫尉，其属下有一官员叫"公车司马令"，负责接待由传车征召来上书的民间贤士，所以又叫"公车上书"。三公中的太尉、府中的法曹也主管邮驿，负责邮驿规章制度的制定和一般管理。

汉代邮传制度的最大进步是驿和邮的分流。这时，前代盛行的车传已经逐渐被淘汰了，骑传成为长途通信的主要方式。

汉文帝时期，朝廷把原来称为"邮"的邮传设施，改称为"置"。"置"意思是根据测量出来的远近来设置办公机构，实际上是邮传信使的中途休息站。

大约在汉武帝稍后，出现了"驿"，也就是轻便的单骑传递。而这种以马骑为主的信递方式，便以"驿"正式命名。

至于原来的"传"，这时大多表示国家招待所的意思。后来干脆称为"传舍"，变成专门迎送过往官员、提供饮食车马的场所。驿加

■雁门关古驿站遗址

■雁门关驿站遗址

上传，往往合称为"驿传"或"驿置"。

汉代的紧急和重要公文都由驿置来传运。驿置备有轻车快马，传递快捷。驿与驿之间的距离一般为15千米，又称为"一置"。驿置预先备好车马，随时供兼程来往的驿使使用。

除以马传为主的"驿置"外，汉代时还有一种短途的步行传书方式，称为"邮"，这种短途步行投递书信的机构，称为"邮亭"。亭，也作为步传信使的转运和休息站。

汉代的亭并不全是负责邮传任务的。兼管邮务的亭，一般在交通要道沿线，内有专门负责传书的"邮人"。而秦汉的亭则是地方基层单位。汉高祖刘邦曾出任过泗上亭长，就属于这种普通的亭。

汉代的邮传与前期一样，也主要是官邮。汉代没有合法的私邮制度，私人之间通信联系相当困难。官员互相之间的通信联系，往往借助自己的权势，通过官邮系统来进行。

汉代只有一种人拥有私邮设置，那就是一些有权有势的"诸侯王"。西汉初年，有不少同姓王曾设立自己的私人通信网。淮南王刘安手下便有不少宾客，为他收集各地情报，自组一套通信系统。

两汉的官邮制度很严格。邮亭的来往文书要登记造册，称为"邮书簿"。来往邮路上的驿使或邮差有一定的服色，他们要头戴红头巾，臂着红色套袖，身背赤白囊，在驿路上奔驰起来十分醒目，有利于对专职邮使的识别。

汉代通信关禁制度很严，沿驿路出入关口，都要符信。在汉代又叫"过所"，是驿者和行人的身份证明和通行许可证。

汉代还有另一种以缯帛制成的符传，用两条书帛，过所驿者和检查者各持其一，对合后方可过关。

汉代的军事通信，通常是烽火通信和邮驿通信并举。两汉时期有着发达的烽火通信设施。这些设施分布长达1万多千米，形成一道坚固的北境城防。

汉代烽火通信比较成熟，已有比较明确的规则，当时称"品约"。品约由郡一级的地方机关制定。

品约规定，按敌情不同，把情报分为五品，即5个等级：敌人在10人以下者称为"一品"，情况不十分紧急；敌人10人以上500人以下者称为"二品"，

烽火 古代边防军事通讯的重要手段，烽火的燃起是表示国家战事的出现。古代在边境建造的烽火台，通常台上放置干柴，遇有敌情时则燃火以报警，这样通过山峰之间的烽火迅速传达讯息；古有周幽王为博褒姒一笑，烽火戏诸侯而失信于天下，导致周朝衰败的典故。

信使之所

邮传与驿站

■ 鸡鸣山上的古驿站遗址

情况稍急；敌人有千人以上而且入塞者称为"三品"，情况更为紧急；敌人千人以上而且攻打亭障者称为"四品""五品"，情况至为紧急。敌情的不同级别，有不同的举报烽火的信号。

军事机构之间的通信使者，一般由戍卒担任。他们有时作为烽火通信的补充：当天阴雨湿烽火一时不能燃起时，军方便立即派出飞骑或快跑步递向兄弟堡垒传递情报。

邮驿制度根据轻重缓急的不同情况，规定信件的投递方式。"以邮行"就是步递，"驰行"是快马急传的文件。这些规定都在邮件的封面上明白写清。可以看出，汉代的邮递制度已经有了严格的程式。

汉时对公文信件的收发规定是很严格的，若投递转送中有失误，要负法律责任。在限制书到的日期，假如按期不到，则应受到法律的处罚。

综上所述，秦汉时期的各种通信，已经形成一套完整的制度，它保证了公文传送的及时，从而维护了朝廷政策的有效施行。

阅读链接

汉代邮驿通信的速度是比较快的。在正常情况下，马传一天可行一两百千米，车传则可行35千米左右，步行较慢，一天约可走二三十千米。

据史载，东汉著名科学家张衡，制造出世界上最早的测示地震的候风地动仪。

有一天，候风地动仪西边的一个龙头的含珠掉落在蛤蟆嘴中。过了几天，陇西就有驿传飞马来报，证实了那里确实发生了地震。

这一事例，足以证明当时邮驿制度的完善，传递信息迅速而且准确有效。

魏晋南北朝邮驿

魏晋南北朝时期社会动荡，政权更迭频繁，但各国间交往密切，公文邮驿制度传承发展，并各有特色，在秦汉与隋唐之间的邮驿制度中起着过渡的作用。

在这一时期，公文邮驿的全国组织管理、传递机构、传递方式、传递速度，以及关于邮驿的法律制度等，都得到了新的发展。因而在我国古代邮驿史上占有重要地位。

■泸州古驿站遗址

■ 古驿站遗址的草棚牌坊

曹操（155—220），安徽亳州人。东汉末年著名政治家、军事家、文学家和书法家。曹操为统一我国北方作出重大贡献。他还开启并繁荣了建安文学，史称"建安风骨"。

东汉末年，军阀混战，中原地区非常混乱，正常的通信邮驿秩序被打破，通信十分困难。直至曹操统一了北方，这种局面才逐渐有了改变。

曹操和他的继承人加强了对邮驿的管理。魏文帝曹丕建魏后，在长安、洛阳、许昌、邺、谯5个北方大城市建成5个军事重镇，称为"五都"。围绕这五都建立了四通八达的交通通信网。

曹魏在邮驿的机构设置上基本沿袭东汉，但把主邮驿科的法曹归属于相国府。这个时期起草诏令、颁布密令由中书令执掌，一般的诏书仍由尚书台颁布。

西晋政权初步形成了三省共掌权力，所以尚书省负责日常文书的收发，属下有右丞负责督促记录文书，写表奏事。尚书中有驾部都、客曹等。

在地方，晋代的地方政权仍是州、郡、县，每个州在中郡以上各置从事一人，巡视郡国，督促文书，检查非法。从事是州郡间负责文书传递的重要官员。州刺史对各郡的指示往往通过从事去传达。

各郡皆有功曹掌管邮驿，有的则由督邮负责。每个县都有承驿吏主管通信，由舍长主管传舍，沿路的亭则由"亭子"负责。

南北朝在公文传递的组织设置上基本上还是沿袭魏晋，公文邮驿系统设置大致相同，设有尚书、法曹、客馆令、公车令等官职，侍中主管诏书的封发。

魏晋南北朝是传驿趋合的过渡时期，公文传递机构主要有驿站和水驿。

魏晋时期的亭传、邮亭任务已经基本合一。后来，由于战争的频繁，步递已经逐渐淘汰，如有特殊需要，会派"步卒"专程前往递送。

在传、驿逐渐统一的过程中，两者的区别主要表现在交通工具的不同，则任务有时会有交叉。这个时期结束了秦汉时代的传驿分设，开创了隋唐的馆驿合一，起着承前启后的作用。

曹魏的公文传递以驿为主，军事文书很多，绝大

■魏晋时期驿站遗址

■ 古代水驿遗址

诏书 皇帝布告天下臣民的文书。在周代，君臣上下都可以用诏字。秦王政统一六国，建立君主制的国家后，号称皇帝，并改命为制，令为诏，从此诏书便成为皇帝布告臣民的专用文书。汉代承秦制，唐宋时期废止不用，元代又恢复使用。

多数交驿传递。紧急军情，如羽檄也由驿传送。

魏晋的公文驿递方式主要以专递为主，并交由驿驰行。晋代，一般文书或檄义交驿传递，但不派专人。淝水之战后，前方向东晋首都发去驿书，捷报也是交驿传递。

晋代对送信的人称为"信"，与现代的用法完全不同。传递过程也与汉制类似。

驿，除递送文书外，还广泛用于征召、口头通知等事宜。公文传递工具主要为车马，加上船。驿有急缓之分。普通公文发驿叫"乘驿"。由于驿马为主要工具，所以称"匹马之驿"。

这个时期，南方经济开发，我国古代邮驿道路范围扩展至南方。最为突出的是出现了水驿。

东吴的统治中心在江南水乡，所以当时的公文传递的驿路是水陆兼行。晋代对驿路有所修整。东晋在广州一带的驿路两旁种植官柳。

陆路外还有水路，较为发达。南朝驿路或是水、陆两途，或是水陆相兼。不少公文运输都经由水路。

魏晋南北朝时期，公文传递方式以专人送信为主，接力传递的记载较少。魏曹时驿置与传舍只是提供食宿，替换马匹，通信人员往往跑完全程。中途换马不换人，专使级别较高。

南朝诏书由侍中封发，为了文书的安全，一般要加"如"字。指公文以最快的速度运行，作为象征标准，或许昼夜兼程，接力运行。

地方上报的公文要严格按照县、郡、州的次序依次转递。为了便于推算文书从发出到接收的日期，每个州距离国都的距离，都要根据实测做出明确记录。从现有史料看，记载最为详尽的最早当属南朝。

魏晋南北朝时期，关于邮驿的法律制度有了新的发展，出现了我国历史上第一部邮驿专门法令，这就是魏国的《邮驿令》。

《邮驿令》是魏文帝时由大臣陈群等人制定的。内容包括军事布阵中的声光通信、传舍规定以及禁止与五侯交通的政治禁令等。这是我国古代历史上第一个专门的邮驿法。

阅读链接

诸葛亮是三国时期著名的军事家，在他留下的《兵要》中，记载了诸葛亮治军临战所用声光通信的五色旗法。

先行军手持五色旗，以变换旗色标志，告知后面大军前面的道路情况："见沟坑揭黄，衢路揭白，水涧揭黑，林薮揭青，野火揭赤。"

意为若有沟坑则举黄旗，通畅的大道举白旗，遇有水涧举黑旗，有树林挡道举青旗，遭遇野火便举红旗。

五色旗法在行军途中特别适用，说明诸葛亮在军事指挥中十分重视这方面通信的效应。

两宋邮驿制度

宋代建立了中央集权的国家后，我国邮驿事业又有进一步发展。那时候，宋和北方的辽，有频繁的来往。

顺应当时形势的需要，邮驿渐渐趋向军事化，凡有官府文书送到，立即传递，不分昼夜，风雨无阻。

两宋时期，传递朝廷公文和书信的机构有很多名目，总称为"递"，又分步递、马递和急脚递数种。

■孟城驿古驿站遗址

■ 两宋时期的古驿站

邮置人员由民改为兵，这是从北宋初年就开始的。北宋以前的邮驿，都是以百姓做驿夫，给百姓增加了很大负担。

宋太祖赵匡胤决心革除这一弊端，于是，在建国第二年下令"诏诸道邮传以军卒递"，其后更设置专门的驿卒，其后逐渐成为定制。

北宋的驿卒称为"递夫""铺兵"，一般由地方上的"厢兵"充任，是传递文书的主要人员。驿卒有较好的待遇，从此减轻了百姓负担。

南宋时期，在东南沿海和北边的沿防地区，还先后建立了"斥堠"。这也是一种使邮驿通信军事化的措施。

所谓"斥堠"，原来指边境上的哨兵，驻地常常选择在高地，便于瞭望观察。此时把瞭望、侦察和通信传递三者结合起来，建立一种带有军事性质的"斥堠铺"。

这种传信机构，以传递军事紧急文书为主，为军事服务。后来，宋朝廷又置"摆铺"，仍由铺兵担任通信业务，和斥堠铺互为补充。

宋代的邮驿传递，主要有3种形式：一是步递；一是马递；另一个就是急脚递。

步递用于一般文书的传递，是接力步行传递。这种传递同时承担着繁重的官物运输的任务，速度是较慢的。

马递用于传送紧急文书，一般不传送官物，速度较快。但因负担这种传送任务的马匹大都是军队挑选剩下的老弱病马，所以也不能用最快的速度承担最紧急文书的传递。

从北宋开始，出现了一种叫作"急脚递"的新的传送文书的形式。急脚递传递形式是从宋真宗时候开始的，最早用于军事上，本是边境上的一种快速传信形式。宋代传递官府文书的驿站通称"急递铺"。

急脚递速度最快，可以日行200千米。后来又设"金字牌急脚递"，据说可以日行250千米。

在北宋真宗时对辽的战争中，以及后来宋神宗时对南方交趾的战争中，都使用过这种急脚递。宋神宗时还在从京师开封至广西沿线设置专门的急递铺。北宋与西夏的战争，也曾利用过急递铺传送紧急文书。

宋代建立之初，从前朝延续下来的各地邮驿制度相当混乱，有些朝廷驿使官员，任意加重驿夫负担，命他们带包裹负重奔驰；也有些驿路管理官吏，受贿滥发驿券，以致驿道任务超度繁杂，驿站不堪负荷。

为了整顿这种情况，宋朝廷根据枢密使韩琦建议，制定了"驿券则例"74条，颁行天下。这一则例

■ 古天福驿站遗址建筑和石刻

宋神宗（1048—1085），宋代第六代皇帝，"体元显道法古立宪帝德王功英文烈武钦仁圣孝皇帝"。在位期间曾命王安石推行变法，以期振兴北宋王朝，史称"王安石变法"，又称"熙宁变法"。

又称《嘉祐驿令》。根据此令，在刑法中又增加了若干细则。

至南宋时期，由于邮驿的发达，涉及社会生活面较广，已经形成了自己的相当完整的专门的通信法规，这就是《金玉新书》。

这部法规涉及的范围很广，严格地维护了官方文书的不可侵犯性。比如《金玉新书》规定：盗窃、私拆、毁坏官书者属犯罪行为，都要处以刑罚，若盗窃或泄露的是国家重大机密信件则处以绞刑。

涉及边防军事情报而敢于盗窃或泄露信件内容者斩，教唆或指使犯法者也同样处以斩刑。盗窃的若是一般文书，按规定也属于触犯刑律。

《金玉新书》对驿递过程中的驿递程限、各种传递方式中发生的失误，皆有具体的律令规定和不同的量刑标准。比如处罚邮件失误的量刑中，步递最轻，

韩琦（1008—1075），北宋政治家、名将，谥"忠献"。曾与范仲淹共同防御西夏，名重一时，时称"韩范"。又治理蜀地，颇有政绩。《宋史》有传。著有《安阳集》50卷。《全宋词》录其词4首。

■ 古驿站遗址建筑

古驿道青铜雕塑

马递次之，急脚递最重。计算路上走驿和行程、误期的量刑，则以日计算，不同的天数有不同的刑罚。

宋代允许私书附递，即随公文一起传带家信，从而使通信范围大大扩大。这是我国古代邮驿制度史上的一次重大变革。私书制度始行于宋太宗时期。宋太宗为笼络士大夫官员，特别恩准：官员在近系家属之间，可以随官方文书一起传带家信。

后来的宋仁宗曾下诏令：官员传送私书，不得影响和干扰国家急递文书。但后来制度逐渐松弛，大量私人书信都通过急递铺附递了。

许以私书附递，士大夫中书信往来猛然增多，宋以后名人的文集中"尺牍"体裁的文章骤然多了起来，例如陆游的尺牍就很出名。随送的私书多了，私人通信也比较普遍了。

阅读链接

宋代的"金字牌急脚递"原是一纸通信凭证，凭此可在驿路上通行无阻。

有一个中级官吏的儿子，冒充驿官，索乘驿马，并以私买的马缨假充凭信，掳掠官吏财物多起，后来被地方官识破，才设计捕获。

朝廷对此十分震惊，决定把纸券改为银牌。这种银牌阔两寸半，长6寸，有隶字书，刻有飞凤和麒麟图样，两边有年月。后来又发展为金字牌、青字牌和红字牌3种。

南宋时期，曾经以这种急行通信的方式，比如用12道金牌勒令岳飞退兵。

元代站赤制度

元代建立了历史上疆域最大的帝国。为了适应广大领域的统辖，元代在邮驿方面进行了积极的改革，不仅把驿路范围大大扩展了，还完善和建立了站赤制度。

元代在全国遍设站赤，构成了以元大都为中心的稠密的交通网。大致从元代起，站赤就已经成为驿站的同义词。元代邮驿系统的实际效能，在当时具有领先于世界的水平。

古代驿站遗址上的夯土墙

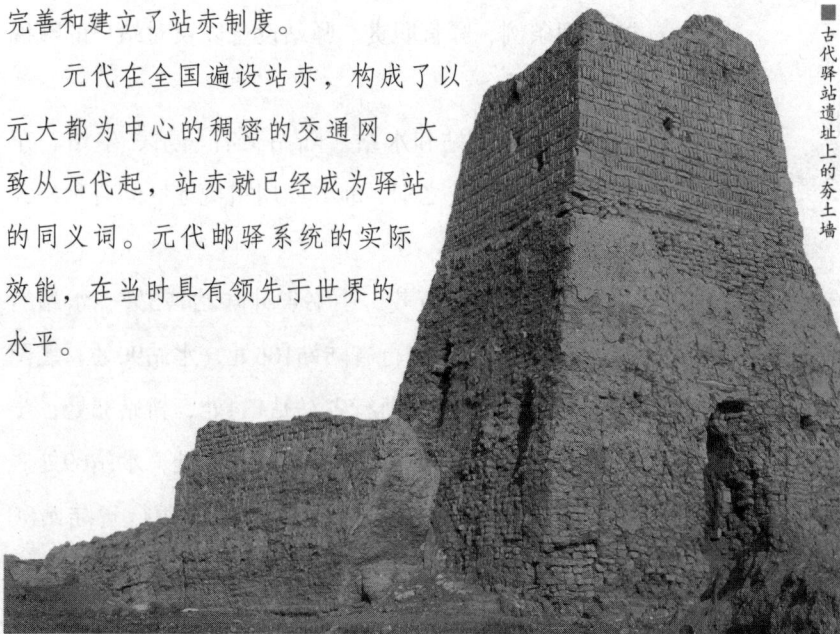

■ 古驿道浮雕

元世祖忽必烈

（1215—1294），孛儿只斤氏，蒙古族。元代创建者，谥号"圣德神功文武皇帝"，庙号世祖，蒙古尊号"薛禅汗"。蒙古族卓越的政治家、军事家。他在位期间，建立行省制，加强中央集权，使得社会经济逐渐恢复和发展。

元世祖忽必烈统一中原后，在辽阔的国土上，建立了严密的站赤制度，使得邮驿通信更加有效地发挥效能。

所谓"站赤"，是蒙古语"驿传"的译音。站赤制度，是一种系统而严密的驿传制度。其中包括驿站的管理条例、驿官职责、驿站设备以及对站户的赋税征收制度等。

站赤分陆站和水站。陆站又有马站、牛站、车站、轿站、步站之别，北方使用雪橇地区间有狗站；水站中又有海站。

据《元史》所载，中书省计陆站175处，水站21处，牛站2处。河南行省陆站106处，水站90处。辽阳行省陆站105处。江浙行省马站134处，轿站35处，步站11处，水站82处。江西行省马站85处，水站69处。湖广行省陆站100处，水站73处。陕西行省陆站80处，水站1处。四川行省陆站48处，水站84处。云南行省马站74处，水站4处。甘肃行省马站6处。

总计全国站数约1400处。加上岭北等处，应在1500处以上。

陆站间的距离，从二三十千米至上百千米不等。如果站程相距较长，中间又置有邀站以供使者暂息。每站当役的上户及所备马、舟、车等交通工具的数目，视其繁忙程度而定，从两三千户至百余户不等。

步站置有搬运夫，专司货物运送。

各驿站设有驿令和提领导驿官。小站只设提领一人，大站设有驿令、提领多人。驿令以杂职人员担任，受敕、给俸；提领由地方提调长官从本处站户中选任，只受部札，不给俸禄。

此外，每百站户又设有百户一名，每站又设司吏2名至3名，皆由现役站户充任。

在江南地区，又特命色目人、汉人任提领，由本处站户一名充任副使。在重要的城市或交通枢纽地区的站赤，又设有"脱脱禾孙"，也就是稽查官，专职负责稽查使者真伪及人员、物品是否违反规定乘驿。

这些驿官的设置，对元代邮驿发展起了促进作用。

事实上，元代具体负责通信的人，身份复杂，来源各不相同。有从朝廷直接派来的，也有地方派的，他们统称"使臣"或"驿使"。

■古代驿站遗址

■ 古驿站遗址上的佛塔

交通巡礼

历代交通与水陆运输

畏兀儿字 畏兀儿也叫畏吾，主体是唐代回鹘人的后代。畏兀儿人使用回鹘文，这种文字在元代称为"畏兀儿字"。元代畏兀儿文使用的范围并不限于畏兀儿地区，随着蒙古征服者的扩张，金帐汗国、察合台汗国都把畏兀儿文作为官方文字之一来使用。

从身份来说，其中有王公贵族，也有州县官吏，甚至还有低贱的百工匠人。这些人是元代传送官方文书的主要人员。

按元代官方规定，当时朝廷通信有两条传送的渠道：一是"遣使驰驿"，即上述这种专使的传送；另一种叫"铺兵传送"。前者送的是有关国之大事的文书，后者传送的是有关日常小事的文书。前者一般为马驿，后者则为步驿。

因为身份和品级的不同，元代规定驿路上"使臣"的给驿标准也不同，路上的食宿供应标准也按品级给予不同的待遇。

元代和宋代一样，也通行驰驿的牌符证件，常见的是金、银字圆牌，还有一种叫"铺马圣旨"的证明。

金、银字圆牌是紧急驰驿的证件，专门递送军情急务。这种印信有汉字、畏兀儿字和八思巴文，上刻有"天赐成吉思汗皇帝圣旨疾"字样，由中书省发给驿使作为凭证使用，事毕缴回。

元代还有一种特殊的"海青牌"，是一种青色牌符，也用于传送紧急军情。"铺马圣旨"，又称"铺马札子"或"给驿玺书"，是一般文书的传送印信。

铺马札子是一种盖上皇帝大印的纸制品，也由中书省印发。这种证件最初用蒙古文字印制，后来因各地驿站多不认识，改为马匹图形作为标志。这些铺马凭证，至明代初期时又统称为"驿券"。

元代通过驿路和西方有频繁的往来。当时中西国际驿路共有3条：一条从蒙古通往中亚；另一条是通往叶尼塞河、鄂毕河、额尔齐斯河上游的驿路；第三条为经过河西走廊通往中亚、欧洲的传统丝绸之路。

元代国际驿站都备有驿舍，是招待使臣住宿的房舍。此外，驿站还负责给使臣配备交通工具，陆行有马、驴、牛；水行有舟；山行有轿。这些交通设施，构成了很大的驿路交通网。

元世祖在统一南北后，还抽出一部分人户充当专门的站户。这些站户从民户中分离出来，不入民户户籍，登入站户户籍。一经登记，世代相承，不能改变。

站户要供应各驿站来往官员的饮食，还要供应使臣的交通工具。当时主要是马，有的地方

■元代乘驿银牌

■ 古驿站茶亭遗址

则为牛、驴、狗，加上车辆等，还包括常年的饲料、马具和车辆的配件。

站户还负担驿站的劳役，如为使臣充当向导、车夫、船夫、搬运工等。这些差使都是无偿的，还要自备饮食。

元代站赤制度完备是我国历史上少见的，它对维持朝廷在全国广大地区的统辖具有重大的作用。尤其对发展我国边疆地区的交通，起到了重要的促进作用。

阅读链接

早在成吉思汗时期，就在西域地区新添了许多驿站。成吉思汗的儿子窝阔台即位后，下令整顿地区驿铺，建立了周密的驿站制度。

据说在窝阔台时期，从契丹国到哈剌和林，每隔5驿程就有一站，共37站。在每一驿程上，置1000户，以守卫那些站。每天有500辆载着食物和饮料的大车从各方到达哈剌和林，然后储于仓中，以便取用。

成吉思汗长子术赤之嫡次子拔都，更把蒙古的驿路一直横贯至欧洲，形成联络欧亚大陆的一条长长的驿路。

明清时期的邮驿

　　明清时期是大一统的专制主义政体更为成熟的时代。朱元璋立国之初，很快就下令整顿和恢复全国的驿站，大力从事边疆地区的邮驿设施的建设。

　　清代邮驿制度经历了重要改革，其最大的特点是"邮"和"驿"的合并。同时，进一步开辟边疆驿道，增设邮驿机构。

　　明清时期驿传制度的进一步改革和完善，以及边地邮驿的开通，是明清驿政进步的标志，在我国古代历史上影响深远。

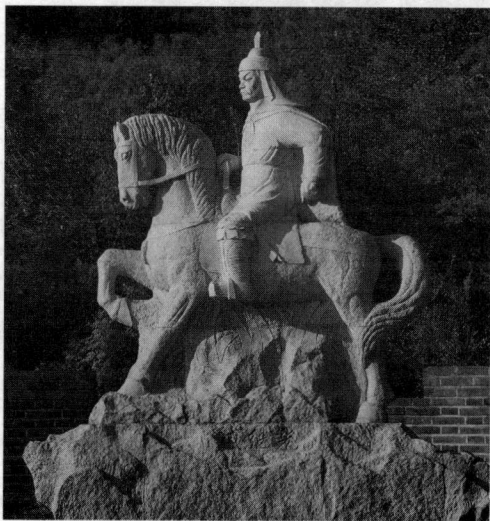

■戚继光快马送信雕塑

明太祖朱元璋

（1328—1398），明朝开国皇帝，谥号"开天行道肇纪立极大圣至神仁文义武俊德成功高皇帝"，庙号太祖。他结束了前朝等级制度，努力恢复生产，整治贪官，其治理时期被称为"洪武之治"。

■ 京西古道遗址上的纪念碑

明太祖朱元璋在1368年建国称帝的第二十二天，就下令整顿和恢复全国的驿站。次年，他又颁诏，把元代的"站"一律改称为"驿"，还把全国230多处不雅的驿名改得更为雅致。

与此同时，明太祖还大力从事边疆地区的邮驿设施的建设。除西南云贵地区外，明朝朝廷在我国东北、北部和西北边疆地区，都开辟了驿道，设置了驿站，使中央和边疆地区的联系大大加强。

明代为了加强对东北边疆的统治，在辽东地区广设驿站。以辽阳为中心，辐射有4条驿道干线：一条南行至旅顺口，途设12个站；一条西南行至山海关，途有17个驿站；一条北往开原，计5个驿站；另一条东南行抵九连城，共7个驿站。

在各驿站俱设驿兵、轿夫、船车、马驴等。

明朝朝廷还在西藏地区加强了驿道建设。西藏在元代时仍称吐蕃，元代时藏区共设大驿站28处，小站也约七八处。为加强汉藏地区的联系，明朝朝廷多次下令恢复和修建西藏通内地的驿路和驿站。

1407年，明朝朝廷曾命令藏区的阐化王、护教王、赞普王和国师率川藏诸族合力恢复驿站，开辟了雅州乌斯藏的驿路。这是一条继甘藏驿路后又一条从内地到乌斯藏的新驿路。

这条驿路交通方便，沿途衣食供给十分丰厚，既保证了明朝朝廷对乌斯藏地区诏书、旨令、文书的畅达，也便利了西藏对内地的经济文化交流。

明代在东南海疆也设立了对外经济往来的驿所。明成祖时，在广东设怀远驿，福建设来远驿，浙江设安远驿，专门负责接待外国使臣和商人。

明代的法律大典《明会典》记载：

■ 明代驿所的驿马石雕

　　自京师达于四方设有驿传，在京曰会同馆，在外曰水马驿并递运所。

这条记载说明，明代的"会同馆"，是当时设在首都北京的全国驿站的总枢纽。

会同馆有两种职能，一是起邮驿传递书信的作用；另一个是起着国家级的高级招待所的作用，这里可以供外国使节和王府公差及高级官员食宿。

明代地方馆驿，有些负责接待中外客人。东南各国客使必先在当地驿站暂住后，才转乘官舟北上。

在明代的邮驿事务中，有一件新兴事物是必需大书特书的，这就是民信局的兴起。所谓"民信"，当然是指民间自发经营的通信组织。

阐化王 明王朝对西藏帕木竹巴政权首领的封爵。当时封的藏族五王之一。1388年，明朝朝廷封扎巴坚参为"灌顶国师"，后加封为"灌顶国师阐化王"。曾受命与阐教王等共同修复元代藏族地区驿站，对西藏和内地交通、联系的发展作出了积极的贡献。

我国民间经营的通信组织是从明代永乐年间兴起的。那时由于商品经济的发展，不少大商人间需要一种业务上的联络，更重要货物的集散和资金的汇兑，都需要有一种联营的组织来承担。这便是民信局得以产生的历史背景。

民信组织以后在各地扩展开来，清代中期以后，民信局大大发展，达到最盛期。不仅遍及国内各大商埠，还把业务扩大到东南亚、檀香山等华侨聚居地带。

■ 古代驿站官员交接信件蜡像

喜峰口 位于迁西县与宽城县接壤处。是燕山山脉东段的隘口，古称卢龙塞，路通南北。汉代设松亭关，历史悠久。东汉末曹操与辽西乌桓作战，东晋时前燕慕容儁进兵中原，都经此塞。后易名喜逢口。至明永乐后，称喜峰回。1452年筑城置关，称喜峰口关。今通称喜峰口。

清朝建立后，邮驿制度经历了重要改革，其最大的特点是"邮"和"驿"的合并。

在清代以前，虽说在某些文书上常常"邮驿"合称，但实际上邮和驿是两种职能不相同的组织机构。清朝朝廷将这两种组织融为一体。

驿站从间接地为通信使者服务，而变成直接办理通信事务的机构。这样，实质上通信系统比先前简化了，大大提高了工作效率。

据记载，清代通信的时限达到了历史上最快的速度。以前，一昼夜最多跑200千米至250千米，清代的马递传送公文，最快可达一昼夜三四百千米。康熙年间平定吴三桂三藩叛乱，从大西南到京师传送军事情报，路程达2500千米，快马通信只需9天即可到。

与此同时，康熙派施琅收复台湾，从福建报捷到京师，路程2400多千米，也是9天内消息便可递到。

清朝朝廷在东北、北部、西北和西南边疆地区，开辟了许多新的驿道，新设了若干邮驿机构。

这些机构，随地区而名称不同，大部分称"驿"，军用称"站"，新疆、甘肃地区称为"塘"，北方蒙古地区称为"台"，甘肃一部分地区又称为"所"，等等。

清代东北地区的邮驿发展最快。

清代历代帝王特别重视当地的邮驿建设。康熙帝曾说："此乃创立驿站之地，关系重要。"他在位时，在黑龙江省共设驿站20个，雍正时又增设10站。

黑龙江通往北京的直达驿道共有5条，各从齐齐哈尔、瑷珲、珠克特依草地为起点，都长达1500千米左右。从齐齐哈尔直通京师的驿道，俗称"大站路"，又称"御道"，是专门用作为皇帝进贡的道路，也是官府奉公驰驿专用的道路。

青海地区的邮驿在清代也有很大发展。至乾隆时，建成5条主要驿道，全青海共有驿站24个，递运所3个，驿夫共480余名，驿马592匹。

清朝初期，为了平定准噶尔叛乱，康熙也加紧在蒙古地区建立驿道和驿站。在那里先后建置了47个驿站，分布在喜峰口、张家口、古北口、杀虎口外。

康熙、乾隆两朝在新疆地区也设立了邮驿机构。开始，为了加强准噶尔战争中的军粮运输，康熙在从嘉峪关到哈密沿线设立12个驿台，后陆续向西不

■清代卢沟驿遗址

■清代古驿站遗址

断推进。

至乾隆时，共有驿台125处。此外尚有一部分邮驿机构称为"营塘"。从巴里坤至乌鲁木齐，乌鲁木齐至阿克苏，阿克苏至乌什，从叶尔羌至和田，从精河至哈密，总计驿台和营塘达至285个，由总管新疆的伊犁将军总稽查。

清代在西南边疆地区，大力发展邮驿事业。至乾隆时，贵州境内驿站达至23个，主要为递送朝廷公文及运输军粮。此后驿道不断改进，客观上也便利了商旅的交往。

历史的发展是任何力量都无法逆转的。伴随封建制度发展的旧式邮驿，自然也出现了许多无法弥补的弊端。古老的中国，旧式邮驿最终被新式邮政所取代。

阅读链接

明太祖朱元璋在立国之初就规定：不是国家与军事大事，一律不许滥用驿马或动用驿站的邮递设施。

但仍有人明知故犯，不把朝廷的法规放在眼里。曾经是开国功臣被封为吉安侯爵的陆仲亨，从陕西返京，就不顾王法，擅乘驿传。

朱元璋为此龙颜大怒，斥责陆仲亨说："中原历经战患，人民刚刚过上安定生活，驿户好不容易买上马，生活还十分艰苦。都像你这样所作所为，百姓即使卖儿卖女，也不能满足奢望的啊！"

陆仲亨因此不再被重用。

漕粮与漕运

漕运是利用水道调运粮食等的一种专业运输。我国古代历代封建王朝将征自田赋的部分粮食经水路运往京师或其他指定地点。

这种粮食称"漕粮"，漕粮的运输称"漕运"，方式有河运、水陆递运和海运3种。运送粮食的目的是供宫廷消费、百官俸禄、军饷支付和民食调剂。

漕运，是我国历史上一项重要的经济制度，在我国漫长的封建社会中，漕运是维系朝廷经济命脉的重要事务，对维护国家的政治稳定，推动经济和文化的发展，均产生了不可估量的作用。

春秋战国时期的漕运

春秋战国时期，各个诸侯国顺应时代和社会的发展的需要，积极发展漕运事业，以满足经济发展和战时运粮运兵的需要。如疏通、开凿和利用胥河、邗沟、菏水、鸿沟等，发挥了巨大的效益。

这些水利工程，其规模之大，成效之显著，设计之合理，技术之先进，在我国漕运史上都有着十分重要的地位，并且在推动社会生产的发展和促进经济文化交流上，起了重要作用。

■苏州古运河

春秋时期，吴国在伍子胥等人的努力下，逐渐强盛起来。

吴国地处长江下游，河网纵横，交通全靠水路，舟师是吴军的主力。吴国的造船技术也有很大提高，已能建造各式大中型舰船，舟师成了吴军的主力。于是，吴国也和当时的其他诸侯国一样，力争称霸诸侯，做天下盟主。

■ 古运河上的木船

吴王阖闾为运输伐楚所用粮食，命伍子胥于公元前506年开挖了胥河，船舶可以从苏州通太湖，大大缩短了从苏州至安徽巢湖一带的路程。

胥河是我国现有记载的最早的运河，也是世界上开凿最早的运河。从苏州通至太湖，经宜兴、溧阳、高淳，穿固城湖，在芜湖注入长江。

吴打败楚国后，继而又攻破越国，迫使越王勾践臣服于吴。取得两次重大的胜利后，夫差认为吴国在长江流域的霸主地位已经确立，决定进一步用兵北方，迫使北方诸侯也听从他的号令。

但在当时，长江淮河之间无直接通道，北上用兵需由长江出发入海，再绕道入淮，航程过长，海浪过大。因此，吴国决定以人工河沟通江淮。

吴国过去连年攻楚，吸取了楚国发展航运的技术

阖闾（？—前496），华夏族，又作阖庐，姬姓，吴氏，名光，又称公子光，吴王诸樊之子。春秋时吴国第二十四任君主，也是春秋末期的霸主。他执政时，以楚国旧臣伍子胥为相，以齐人孙武为将军，使国势日益强盛。

■ 行驶在古运河上的货船

郦道元 （466或472—527），河北保定人。北魏地理学家，散文家。他博览奇书，游历山川，考察民情，撰《水经注》40卷。可称为我国游记文学的开创者，对后世游记散文的发展影响颇大。

经验，再根据以往开河的经验，吴国因地制宜地把几个湖泊连接起来。曾经先后在国内开凿了沟通太湖和长江的"堰渎"和太湖通向东海的"胥浦"。

伍子胥开凿的胥溪和这次开凿的胥浦，成为后来隋代大运河最早成形的一段。

公元前486年，吴王夫差下令在邗城开挖深沟，引长江水向北入淮河，沟通了江淮，以水路运粮运兵。开凿邗沟完全为军事目的，这就是漕运的开始。

因为漕运的最初目的就是运送军粮。后人又称邗沟为"山阳渎"。

据北魏郦道元《水经注·淮水》记载："昔吴将伐齐，北霸中国，自广陵城东南筑邗城，城下掘深沟。"它从邗城西南引长江水，绕过城东，折向北流，从陆阳、武广两湖间穿过，北注樊梁湖，又折向东北，穿过射阳两湖，再折向西北，后入淮河。

邗沟渠线所以比较曲折，主要原因是要利用湖泊，以便减少工程量。这条运河全长约150千米，它开通后大大便利了南北航运，为后来江淮运河的发展奠立了初步基础。

公元前482年，吴国夫差下令在今山东省鱼台县东和定陶县东北之间凿开了一条新水道。因其水源来自菏泽，故称"菏水"。

菏水同胥河、邗沟一样，都是吴国为了政治、军事需要而开凿的。在后来很长的一段时间中，对加强黄河、淮河和长江三大流域的经济、政治、文化的联系，也起到了重要作用。

"战国七雄"之一的魏国也在积极发展漕运，魏惠王为称霸中原，公元前360年开挖了沟通黄河和淮河的人工运河鸿沟。鸿沟是我国古代最早沟通黄淮的人工运河。

鸿沟先在河南荥阳把黄河带有较多泥沙的水引入圃田泽，使水中的泥沙沉积在圃田泽中，减轻了下游

■ 春秋时期吴国开凿的"菏水"

■战国时期魏国开凿的鸿沟

渠道的堵塞。

然后引水向东，绕过大梁城的北面和东面，向南与淮河支流丹水、睢水、涡水、颍水等连接起来，许多自然河道连接成网，船只可以畅通无阻。

鸿沟开通后，保持了魏国同东方诸侯国的沟通，加强了同他们的联系。不仅在黄河、淮河、济水之间，形成了一个完整的水上交通网。

鸿沟修成后，建立了直通东方各诸侯国的水路交通线。经过秦代、汉代、魏、晋、南北朝，一直是黄淮间中原地区主要水运交通线路之一。西汉时期又称"狼汤渠"。该地北临万里黄河，西依邙山，东连大平原，南接中岳嵩山，是历代兵家兴师动众、兵家必争的古战场。由于它所联系的地区都是当时我国经济、政治、文化最发达的地区，所以在历史上影响很大。

阅读链接

伍子胥受命开挖河道后，亲率20余万士兵和民工施工。很快，这条世界上最早的人工运河终于凿通了。人们为了纪念他，遂将此河取名为"胥河"。

胥河凿通后，吴王阖闾拜孙武为大将，伍子胥为副将，亲率大军突然向楚国发起进攻，将楚国的军队打得一败涂地，溃不成军，并很快占领了楚国的都城。

那时，楚平王熊弃疾已经去世，他的儿子楚昭王熊轸也逃之夭夭。后来，秦国出兵救楚，击败了吴军，吴王阖闾才撤兵回归。

秦汉时期的漕运

秦汉两代继续发展漕运事业。比如秦始皇令监禄凿灵渠，萧何将关中粮食转漕运至前线，刘濞开挖"茱萸沟"运道，汉武帝开凿了与渭河平行的人工运河漕渠，汉明帝时王景使黄河、汴河分流，东汉广陵太守陈登改道与疏通邗沟，等等。

从以上资料不难看出，古代的运河大多以运送粮草和军队为主，但客观上却促进了国家的统一，经济的繁荣，民族的融合。

■扬州古运河

■ 秦朝运输粮饷的灵渠

岭南 是指我国南方的五岭之南的地区，相当于现在广东、广西及海南全境，以及湖南及江西等省的部分地区。岭南是我国一个特定的环境区域，这些地区不仅地理环境相近，而且，人民生活习惯也有很多相同之处。

秦始皇统一中原后，接着又向岭南进军。但是战争并不像预料的那样顺利。岭南的险峻地形，使行军极度困难。

粮草的运输主要靠人背牲口驮。运粮队伍要翻山越岭，走上好些日子，除去自己的消耗，到达营地时已经所剩无几了。

更麻烦的是，行进在崇山峻岭的运粮队伍，往往要遭到敌人的突然袭击。粮草问题，更直接地说是运输问题，要是不能得到解决，作战根本无法取得胜利。就这样，常常空着肚子打仗的秦军进行了3年战争，还是没有什么明显进展。

为了解决南征部队的粮草运输问题，秦始皇决定派史禄领导"凿渠运粮"，在五岭之上开了一条运河。初名"秦凿渠"，又称"零渠"，即今灵渠。

史禄将灵渠的路线，选在广西壮族自治区兴安县城附近湘江和漓江的分水岭上。这里两江相近，最近处不到1500米，山又不太高，相对高度30米。只需沟通两江，中原地区用船运来的粮草，就可以从水路一直越过五岭，进入岭南地区。

在这些山区河道行船，最重要的是如何使船"爬"上山。船要"爬"山，对水面"坡度"就要有一定的要求。

水面的"坡度"在航行术语上叫作"比降"。开凿灵渠的劳动人民，用他们自己的智慧和辛勤劳动，创造了许多山区河道行船的好办法。

在开挖灵渠时，让河道迂回曲折，多拐几个弯，让船多走几个"之"字形。这样，有限的河道被延长了，水面的"坡度"就相应变得小了，船"爬"山也就容易得多了。

史禄 又称监禄，姓不详，名禄，秦国人。史，官名，即监御史。秦始皇灭六国后，为运送征服岭南所需的军队和物资，便命史禄在今广西兴安县开凿河渠以沟通湘、漓两水。沟通了长江水系和珠江水系。

王朝命脉
漕粮与漕运

■蜿蜒曲折的灵渠

古画中的灵渠概貌

　　在山上进行这种施工，从地理上来讲是不可能的，即使有可能，从工程上来讲也是不经济的。于是，民间又发明了"斗门"，也叫作"陡门"。

　　在灵渠水位比降大而又不适于延长河道的地方，分别用巨石做了一个又一个的斗门。最多时设36座斗门，最少时也有10座斗门。每个斗门都有专用的工具，如斗杠、斗脚、斗编等。

　　船进入一个斗门后，随即把身后的斗门用专用的工具堵严，使其不能漏水，然后徐徐开启前进方向上的另一个斗门。随着斗门打开，水从前方的斗门涌进来，不一会儿，两个斗门间的水位就平了。

　　于是船就可以前进到前一个斗门内，随后又堵住船后斗门，再打开前面斗门。如此周而复始，船就一级一级向山上"爬"去。同样道理，船也可以从山上一级一级"爬"下来，不过方向相反罢了。

　　除了使船"爬"上山的好办法外，劳动人民还创造了另外一种重要的好办法，就是实施了引湘江水入灵渠的分水工程。

　　湘江上游的海洋河水量较丰富，他们在海洋河上建立分水工程，以使灵渠保持充足水量，便于船只从海洋河通过分水工程进入运河。

　　分水工程位于兴安县城东南约2千米远的分水村。这里不是距离运河最近的地方，但是此处海洋河河床较高，大体与灵渠海拔高度相当，便于把水引入运河。所以也就舍近就远，把分水工程选择在此。分水工程包括"人"字形的拦河坝和铧嘴两部分。

平时，坝下一段海洋河旧道不再通水，但来洪水时，大水可以翻越大坝流入旧道。

铧嘴位于"人"字形拦河坝顶端的河心，其作用与都江堰的鱼嘴一样，把海洋河水分成两部分，七分进北渠，三分入南渠。进入北渠的水，从"人"字坝向北，经过约3.5千米的渠道，回到湘江故道。进入南渠的水，经过人工开凿的4.5千米的渠道，引入灵渠，作为运河的主要水源。

为了完成这个任务，数十万秦军和民工，开石劈山，进行了艰苦劳动。

他们经过5年努力，排除了许多困难和干扰。至公元前214年，这条长33千米的灵渠终于挖成了。

灵渠修成后，秦军加强了对岭南的攻势，长驱直入，深入越人腹地。终于在公元前214年彻底平定南越，并在那里设置桂林、象、南海三郡。

第二年，又迁徙50万刑徒戍守岭南，与当地越人杂处，

越人 越人分为内越和外越。内越融入华夏民族，外越为海外越人。另外，还有一些分布在柬埔寨、泰国、老挝和其他国家。属蒙古人种南亚类型。古籍中的越人指的是浙江一带的人，也特指绍兴一带的人。

■ 古画中的灵渠及蓄水闸门

王朝命脉

漕粮与漕运

穿古镇而过的灵渠

共同开发南方地区。

在攻取岭南的同时，秦始皇派兵修筑通往云贵的道路，道宽5尺，称"五尺道"。秦军通过五尺道进入西南地区，设郡立县，委任官吏管理这一地区。

灵渠是世界上最早建造并使用船闸的运河，也是最早的跨越山岭的运河。我国古代劳动人民发明的这种利用船闸的行船技术，一直沿用至现代。

秦汉之际，萧何从关中漕运粮食到广武前线。当时的路线是从关中将粮食装上漕舟，然后顺渭水东下，经黄河险段三门峡后再东流至广武。

其中三门峡一段漕运十分危险，不仅河道窄，而且水流急，还有不少暗礁，稍有不慎，即船毁人亡。萧何将关中之粮运至前线特别的艰辛。

萧何在长达5年之久的兴汉灭楚的战争中，巩固后方战略基地，多靠漕运足食足兵支援前线，其杰出的军事后勤保障，对于最终战胜项羽作出了重大贡献。所以刘邦称萧何功劳最大，位列第一，不是没有道理的。

西汉定都长安后，每年需从关东运输大量谷物以满足关中地区贵族、官吏和军队的需求，转漕逐渐制度化。

当时，汉高祖刘邦的侄儿吴王刘濞设都城于广陵城。刘濞曾对运河作出过重大贡献，他开挖了一条著名的"茱萸沟"运河。

茱萸沟运河西起扬州东北茱萸湾的邗沟，东通海陵仓及如皋磻溪，使江淮水道与东边的产盐区连接，在运盐和物资运输方面发挥了重要作用。

至汉武帝初年，全国每年的漕运量增到100多万石，以后又增至400万石，高峰时达至每年600万石。当时漕运用卒达6万人。由各地护漕都尉管理，沿途县令长也有兼领漕事的。漕粮则输入大司农所属的太仓。

漕转关中，费用浩大，需时很长，动员人力很多，特别是漕船要经过三门峡砥柱之险，粮食损耗很大。当年萧何就曾历经三门峡段漕运的危险。

西汉朝廷曾先后采取过多种改进办法。其中收效最大的是漕渠的开通。

汉武帝用3年的时间，沿秦岭北麓开凿了与渭河平行的人工运河漕渠，使潼关到长安的水路运输的路程和时间大大缩短，运输费用从而减少，沿渠民田也能收到灌溉之利。这是西汉一项重要的水利工程。

汉宣帝时，令三辅、弘农、河东、太原之粟以供京师。这种做法，对缩短漕运路线，减少漕运压力，避开砥柱之险，起了良好的作用。

东汉建都洛阳，从山东、河北、江淮等地转漕粮食至京师，路程较近，又不需经过砥柱之险，改

■西汉漕运运河

■古代漕运木船

善了漕运困难的局面。因此汉光武帝初年省罢了护漕都尉。

但是，这个时期的漕运事业仍有一定的发展。后来，汉光武帝在洛阳南修阳渠引洛水以为漕。

汉明帝时，从荥阳至千乘海口，筑堤修渠，使黄河徙道后混流的黄河、汴河分流，便利了南来的漕粮自淮河入汴，北来的漕粮循河、洛而西，使京师粮食供应不忧匮乏。这是东汉漕运事业的最大成就。

秦汉时期的漕运工程，满足了当时运送粮草和军队的需要，也促进了这些地区经济的繁荣，有利于民族融合与国家统一。

阅读链接

东汉广陵太守陈登鉴于夫差时期所修邗沟过于曲折迂回、舍近求远，对它做了改道与疏通。他从樊良湖穿渠至津湖，再从津湖凿渠至白马湖，至山阳末口入淮。

陈登对邗沟动了大手术，拉直了原樊良湖至末口的弯曲水道，大大便利了漕运航行。史书上将这一工程称作"陈登穿沟"。人们习惯于把这条渠道称作"邗沟西道"，将原河称作"邗沟东道"。

隋代大运河水运网

魏晋南北朝时期，江南的经济有了显著发展，尤其是会稽郡，成为江南最富庶的地区。

隋代的政治中心在北方，北方经济虽然发展较快，但两京和边防军所需的粮食相当多，需要江淮地区供应。

陆路运输，速度慢，运量小，费用大，无法满足北方的需要。开通运河，利用水利运输，成为当时社会经济发展的需要。

京杭大运河及河岸

■ 陕西渭水河道

交通巡礼

历代交通与水陆运输

隋文帝杨坚

（541—604），隋朝的开国皇帝，谥号"文皇帝"，庙号高祖，尊号"圣人可汗"。他统一天下，建立隋朝，社会各方面都获得发展，形成了辉煌的"开皇之治"，使我国成为盛世之国。

隋初以长安为都。从长安东至黄河，西汉时有两条水道，一条是自然河道渭水，另一条是汉代修建的人工河道漕渠。渭水流沙多，河道弯曲，不便航行。

由于东汉迁都洛阳，漕渠失修，早已湮废。隋代只有从头开凿新渠。

581年，隋文帝杨坚即命大将郭衍为开漕渠大监，负责改善长安、黄河间的水运。但建成的富民渠仍难满足东粮西运的需要，3年后又不得不再一次动工改建。

这次改建，要求将渠道凿得又深又宽，可以通航"方舟巨舫"。改建工作由杰出的工程专家宇文恺主持。在水工们的努力下，工程进展顺利，当年竣工。

新渠仍以渭水为主要水源，自大兴城至潼关长达150余千米，命名为"广通渠"。新渠的运输量大大超过旧渠，除能满足关中用粮外，还有很大富余。

隋炀帝杨广即位后，政治中心由长安东移洛阳，很需要改善黄河、淮河、长江间的水上交通，以便南粮北运和加强对东南地区的控制。

605年，隋炀帝命宇文恺负责营建东都洛阳城，同时开通济渠，还扩建山阳渎。工程规模之大，范围之广，都是前所未有的。其中通济渠与山阳渎的修建与整治是齐头并进的。

通济渠可分东西两段。西段在东汉阳渠的基础上扩展而成，西起洛阳西面，以洛水及其支流谷水为水源，穿过洛阳城南，至偃师东南，再循洛水入黄河。

东段西起荥阳西北黄河边上的板渚，以黄河水为水源，经开封及杞县、睢县、宁陵、商丘、夏邑、永城等县，再东南，穿过安徽宿县、灵璧、泗县，以及江苏的泗洪县，至盱眙县注入淮水。两段全长近1000千米。

山阳渎北起淮水南岸的山阳，径直向南，至江都西南接长江。两渠都是按照统一的标准开凿的，并且两旁种植柳树，修筑御道，沿途还建离宫40多座。

离宫 是指在国都之外为皇帝修建的永久性居住的宫殿，皇帝一般固定的时间都要去居住。也泛指皇帝出巡时的住所。我国有史以来最大的离宫是承德避暑山庄，承德或河北北部地区的人们一直称避暑山庄为"承德离宫"。

123

王朝命脉

漕粮与漕运

■ 京杭大运河一角

在施工过程中，虽然也充分利用了旧有的渠道和自然河道，但因为它们有统一的宽度和深度，因此，主要还要依靠人工开凿。这项工程虽然浩大而艰巨，但历时很短，从3月动工，至8月就全部完成了。

在完成通济渠、山阳渎之后，608年，隋炀帝决定在黄河以北再开一条运河，即"永济渠"。

永济渠也可分为两段：南段自沁河口向北，经今新乡、汲县、滑县、内黄、魏县、大名、馆陶、临西、清河、武城、德州、吴桥、东光、南皮、沧县、青县，抵天津；北段自天津折向西北，经天津的武清、河北的安次，到达涿郡。

南北两段都是当年完成。永济渠与通济渠一样，也是一条又宽又深的运河，据载全长950多千米。深度多少，虽不见文字，但大体上说，与通济渠相当，因为它也是一条可通龙舟的运河。

永济渠开通后，隋炀帝自江都乘龙舟沿运河北上，带着船队和人马，水陆兼程，最后抵达涿郡。全程2000多千米，仅用了50多天，足见其通航能力之大。

广通渠、通济渠、山阳渎和永济渠等渠道，虽然不是同时开凿而

■京杭大运河上的古桥

成，但可以算作各自独立的运输渠道。

由于这些渠道都以政治中心长安、洛阳为枢纽，向东南和东北辐射，同时也连通了春秋战国时期修建的胥溪、胥浦，组成了一个完整的体系，从而形成了一条连通南北的大运河。

隋代大运河从长安、洛阳向东南通到余杭、向东北通到涿郡，是古今中

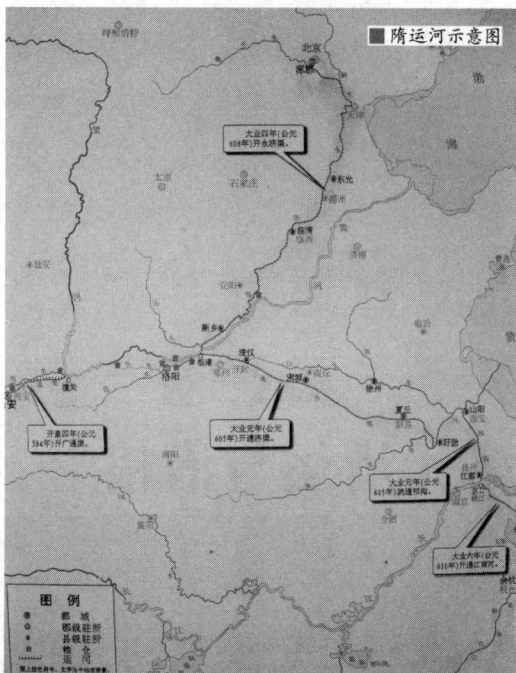

■ 隋运河示意图

外最长的运河。由于它贯穿了钱塘江、长江、淮河、黄河、海河五大水系，交通运输之利辐射周边地区，极大地便利了漕运。

大运河修成后，加强了国家的统一，促进了南北经济文化的交流，其价值是不可估量的。

阅读链接

隋炀帝在大运河上行驶的龙舟，据《大业杂记》所记："其龙舟高45尺，阔45尺，长200尺。"共分4层。

上层是正殿内殿和东西朝堂；中间两层有120个房间，都用金玉装饰，是皇上休息娱乐的地方；最下一层是内侍住。龙舟前面是昂首的龙头，后面是高翘的龙尾，彰显一派真龙天子的无限威严。

整个船队，舳舻相接100千米，两岸有20万士兵和10多万步兵夹岸护航。从远处看，根本分不出哪是河中哪是岸上，只见旌旗蔽野，非常壮观。

宋元漕运与漕粮

北宋由于庞大的官僚机构和养有大量的军队，对漕粮的需求大大增加。开封、南京、陈州等重要城市都仰赖外地的漕粮，加之北宋漕线较隋唐缩短近半，故运输能力大增，年漕运量高达600万甚至800万石，创我国古代漕运之最。南宋漕粮主要沿江运往各军事重镇。

元代的漕运是海运、河运并行而以海运为主，海运主要是将南方粮食由海路的调运。元代海运兴通，漕运进入新阶段。

■苏州古运河平门城楼

■ 宋代漕运浮雕

北宋建都开封。从地理位置说，这个都城更接近了当时盛产粮米的地区，并缩短了漕运的路线。不仅都城开封的粮食需由南方供应，就连南京、陈州等地也开始仰赖于漕粮。

宋代的漕量非常大，甚至超过前代，主要是由于北方各省的农业生产，在长期的战争中受到严重摧残，由本地收取的粮食数量越来越少，而仰赖外地供应的数量越来越大。

宋代的官僚机构重叠庞大，常有一个官五六人共做的现象，做官必须食俸禄，高级官员每月要支禄米100石。官吏一多，国家支出的粮食自然就多了。

宋代朝廷还养着大量军队，军队的给养也大多仰赖漕米。有了以上的客观需要，再加上北宋的漕运线路比唐代要近一半，由淮入汴，水道畅通，滩阻较少，而且无需接运，所以宋代每年漕运量，成为我国漕运史上的最高纪录。

陈州 即河南省淮阳县。太昊伏羲氏建都于此，后炎帝神农氏继都于太昊伏羲之旧墟，故易名为陈，陈由此始。夏时，陈属豫州；秦设陈县，后置陈郡；三国魏帝封曹植为陈王；南北朝时，郡州相间；元朝，复为陈州；明时，废宛丘县入陈州；清雍正十二年（1734）升陈州为陈州府。

忽必烈御赐会通河雕像

宋代主管漕运的官员，在朝廷内是三司使。三司使，是朝廷主管财政的大员，他的地位仅比宰相和枢密使低一等，号称计相，职权很大。各路都设有转运使掌管漕运，因此转运使又称漕司。

宋钦宗靖康年间，北宋的国都东京被金兵攻破。接着康王赵构在南京即位，后来又将国都迁到临安，这就是南宋。

南宋的国都就处在这水利发达、土地肥沃的江浙地区，漕运路程也比北宋短得多。至于湖广、四川等地，当时也是有名的富庶地区，这些地区的粮食，就大多运往沿江各军事重镇，供应军队的需要。

元代首都和北方部分地区的粮食供应主要取自南方，南方的粮食经海道运至直沽，再经河道运达大都。运往元都的漕粮，在至元、大德年间为百余万石，后来增至300余万石。元代岁运的最高额为350余万石。

元代在直沽河西务设都漕运使司，负责接受南来的粮食物资及所属各仓公务；在大都设立京畿都漕运使司，负责将前司接纳的粮食物资运赴大都各仓。

元朝朝廷对漕运管理非常严格。当时，朝廷规定，在漕运过程中如果损耗了漕粮，损耗由押运官员赔偿；如果船只翻沉，造成船民死亡时，则可免赔。

元朝朝廷为了寻找经济、安全的海运线路，从1282年起，海道漕运线路一共变更了3次。

第三次的线路是：从刘家港入海至崇明岛的三沙进入深海，北去经成山角折而西北行，经刘家岛、沙门岛过莱州湾抵达直沽海口。这一条新线路比以前的线路短些，快些，顺风时10多天就可以到达。

此外，为了克服海道运输困难，元代海运机关接受船民的建议，在西暗沙嘴设置航标船，竖立标旗，指挥长江入海口的船只进出。后又接受船民的建议，在江阴的夏港、需沟等9处，设置标旗指引行船。

又在龙山庙前高筑土堆，土堆四周用石块砌垒；土堆上从每年4月中旬开始，白天高悬布幡，夜间悬

崇明岛 地处长江口，是我国第三大岛，也是世界上最大的河口冲积岛，世界上最大的沙岛。崇明岛不断冲涨，现在形成了马家浜、平洋沙、长沙等沙洲，其中的长沙即是崇明岛的前身。

■南洋古镇运河

■南阳古镇运河一角

点灯火，以指挥船只行驶。这收到了很好的效果。

元朝朝廷大规模地挖河造船，对促进经济发展无疑是有利的。总的讲来，元代的漕运是海运、河运并行而以海运为主。

在航行实践中，元代劳动人民在航途上树立航标，确立港口导航制，编出通俗的口诀，对水文和气象进行预测预报，为开发我国东部海域的航运做出了贡献。

同时，海运的开通和发展，加强了元代南北物资和文化的交流，促进了元代造船技术的提高和外贸事业的发展，沿海城镇也由此而繁荣，对元代的政治、经济和文化都产生过积极的作用。

阅读链接

漕运不仅促进了经济的发展，还促进了文学的发展。

相传，北宋文学家苏东坡，有一年从海南北返，他半袒上身，乘一叶扁舟，由后河入运河，驶向东水关。在通济桥河段，当地人同说大文豪苏东坡路经此地，万人争看。

苏东坡自觉快风活水，心旷神怡。

南宋抗金名将文天祥在乘船过常州弋桥时，留下了"苍天如可问，赤子果何辜。唇齿提封旧，抚膺三叹吁"的慨叹。

其实，志士文人在漕运河道上抒发情怀，这也是漕运文化的重要组成部分。

明清漕运及其制度

　　明代漕运发展到一个新阶段。这时征运漕粮的有南直隶、浙江、江西、湖广、河南和山东。

　　漕粮又按供应地区的不同区分为南粮和北粮。清代开凿中运河，改善了漕运条件，另外还制定了严格的漕运制度。

　　漕运的畅通，为明清两代商品经济的发展和东南地区的繁荣，直接或间接地起到了积极的作用。

■漕运浮雕

■ 北京通州的古漕运码头

白粮 明清时期向江南五府征收的粳、糯，为专供宫廷和百官用的额外漕粮。白粮由粮长解运京师，运费和途中的损耗，由纳粮户均摊。清代续征白粮，虽免除民运，但另加耗米和运费。

明代的漕粮主要征自南直隶和浙江，约占全国漕粮的60%。漕粮的数额，宣德年间最高时达到640万石，成化年间规定了岁运400万石的常额。在用途上，漕粮为京都、北边军饷，白粮供宫廷、宗人府及京官禄粮。

明朝朝廷初置京畿都漕运司，以漕运使主管。后废漕运使，置漕运府总兵官。1451年始设漕运总督，与总兵官同理漕政。漕府领卫军总共12.7万人，运船1.1万艘，另有海军7000人，海船350艘，专职漕粮运输，称为"运军"。

在地方，以府佐、院道和科道官吏及县总书等掌管本地漕事。朝廷户部和漕府派出专门官员主持各地军、民粮船的监兑和押运事宜。州县以下由粮长负责征收和解运。粮长下设解户和运夫，专供运役。

明代初期承元之故，以海运为主，河、陆兼运为辅。一由江入海，经直沽口至通州，或径往辽东；一由江入淮、黄河，自阳武县陆运至卫辉府，再由卫河运至蓟州。江南漕运，则由江、淮运至京师南京。

以承运者而言，海运为军运，其余都是民运。雇运权是一种辅助形式。

永乐年间因迁都北京，粮食需求日增，而海运艰阻，于是整治大运河，即从杭州湾通往北京的漕河。其办法一是疏浚会通河，造漕船3000余艘，以资转运；二是在运河沿岸淮安、徐州、临清、德州和天津建置漕粮仓库，也称"水次仓"。

漕运方法历经改革后，在明代已经趋于完善，计有支运法、兑运法和改兑法。

支运法也叫"转运法"。由漕运总兵官陈瑄推行。规定各地漕粮就近运至淮、徐、临、德四仓，再由运军分段接运至通州、北京。一年转运4次。

陈瑄（1365—1433），明代武官、水利家，明清漕运制度的确立者。历任大将军幕府、都指挥同知、右军都督佥事，迎降燕军，封平江伯，充总兵官、总督海运成天津卫、督漕运，理漕河30年。

■ 古代漕运码头卸货场景

■ 古代漕运工人搬货场景

交通巡礼

历代交通与水陆运输

滕昭（1421—1480），曾先后任明代陕西道监察御史、顺天府主考等。滕昭在总督漕运时，他发现运输手续复杂，管理混乱，于是制定了改兑法，简化了运输手续，减轻了百姓的负担。因督办漕运有功，召还京城都察院理院事。

农民参加运粮即免纳当年税粮，纳当年税粮则免除运粮，其运费计算在支运粮内。民运的比重约占支运的四五成。

兑运法也是由陈瑄等推行。各地漕粮运至淮安和瓜州，兑与运军转运；河南于大名府小滩兑与遮洋总海运；山东则于济宁兑与军运。军运的费用由农民承担。

后来又定漕粮"加耗则例"，即按地区的远近计算运费，随正粮加耗征收，于兑粮时交给官军。起初兑运与支运并行，其后兑运渐居优势。

改兑法即长运法或直达法。由漕运都御史滕昭推行。由兑运的军官过江，径赴江南各州县水次交兑。免除农民运粮，但要增纳一项过江费用。淮安等四仓支运粮为改兑。自此，除白粮仍由民运外，普遍实行官军长运制度。

为维持漕运，明朝朝廷规定漕粮全征本色，不得减免，严格限制漕粮改折。只许在重灾、缺船或漕运受阻等严重情况下才实行部分的改折，折征时正、耗各项合计在内。

清朝朝廷为了确保漕运，对运道的疏通十分重视，采取了治黄兼顾治运的方针，这样，客观上给运河地区，特别是黄淮地区的水利事业带来一定的好处。

清代开凿了中运河。中运河原为发源于山东的泗水下游故河道，后为黄河所夺。中运河的开通，是清代一项重大水利工程，是清代南北漕运所必经的河段。它也是大运河的一部分。

清代漕运方法基本承明制，但又有下列名目：正兑米，运京仓粮，定额330万石；改兑米，运通州仓粮，定额70万石；折征，将漕粮折算成银，价银统归地丁项内，上报户部。

清代漕船数与编制稍异明代，一般以府、州为单位，10人一船，10船一帮，10船互保。总数10000多艘，而实际运于漕运的仅7000艘左右。每船装运量不得超过500石，另可装土产往返各口岸行销，后因运道淤塞而禁止。

清代后期实行官收官运，承运者是军籍中较殷实的军丁，也就是运丁。发运时每船配运军一名，运副一名，雇募水手9名至10名。各省运军水手多少不等，总数在10万名左右。

漕运最高长官为漕运总督，驻淮安。其下为各省粮道，共7人，掌本省粮储，辖所属军卫，遴选领运随帮官员，责成各府会齐、佥选运军等；坐守水次，监督、验明漕粮兑换，面交押运官，并随船督行至淮安，呈总督盘验。

为确保漕运无误，清朝朝廷于淮安、济宁、天津、通州运河沿线设置巡漕御史，稽查本段漕运。此外，淮安淮北沿河置有镇道将

■漕运工人雕塑

漕运复原图

领，以催促入境漕船前行；在镇江与瓜州的南漕枢纽处，由镇江道催促，同时由总兵官或副将巡视河岸，协同督促漕船过江。

清代在道光年间于上海设海运总局，天津设收兑局，并特调琦善等总办首次海运。漕船从黄浦江出发，经吴淞口东向大海，行2000余千米达天津收兑局验米交收。清朝朝廷特准商船载运免税货物20%往来贸易，调动了商船积极性。

晚清时期发生了一系列与漕运有关的事件，如商品贸易的发展及轮船和铁路交通逐渐兴起等，最终导致漕运的衰落。